践行五大发展理念 全面建设创新中国

中国创新驱动发展战略报告

姜江 邱灵 等著

中国市场出版社
China Market Press
·北京·

图书在版编目（CIP）数据

践行五大发展理念　全面建设创新中国: 中国创新驱动发展战略报告 / 姜江，邱灵等著. — 北京 : 中国市场出版社有限公司, 2021.6

ISBN 978-7-5092-2081-8

Ⅰ. ①践… Ⅱ. ①姜…②邱… Ⅲ. ①中国经济—经济发展—研究 Ⅳ. ①F124

中国版本图书馆CIP数据核字（2021）第093997号

践行五大发展理念　全面建设创新中国：中国创新驱动发展战略报告

JIANXING WUDA FAZHAN LINIAN QUANMIAN JIANSHE CHUANGXIN ZHONGGUO: ZHONGGUO CHUANGXIN QUDONG FAZHAN ZHANLÜE BAOGAO

著　　者：姜江 邱灵 等

责任编辑：晋璧东（874911015@qq.com）

出版发行：中国市场出版社

社　　址：北京市西城区月坛北小街2号院3号楼（100837）

电　　话：（010）68033539

经　　销：新华书店

印　　刷：河北鑫兆源印刷有限公司

成品尺寸：170mm × 240mm　　开　　本：16开

印　　张：17.25　　字　　数：230千

图　　数：15　　表　　数：22

版　　次：2021年6月第1版　　印　　次：2021年6月第1次印刷

书　　号：ISBN 978-7-5092-2081-8

定　　价：88.00元

课题组成员名单

课题负责人

姜　江　国家发展改革委产业所创新战略研究室主任、副研究员

课题组成员

邱　灵　国家发展改革委产业所创新战略室副主任、副研究员

盛朝迅　国家发展改革委产业所结构室副主任、副研究员

张义博　国家发展改革委产业所农村室助理研究员

韩　祺　国家发展改革委产业所创新战略室助理研究员

洪群联　国家发展改革委产业所服务业室副主任、副研究员

杨　威　国家发展改革委产业所高技术室助理研究员

任继球　国家发展改革委产业所结构室助理研究员

前言

本书主要成果是国家高端智库中国宏观经济研究院于2017年立项的有关“党的十八大以来我国经济社会发展取得成果、面临制约和展望未来一段时期新形势、新思路、新任务理论研究”的系列重点课题之一——《落实新发展理念、推动实施创新驱动发展战略，更好适应和引领经济发展新常态研究》。旨在系统全面梳理党的十八大以来，我国落实五大发展理念尤其是创新驱动发展所取得的成就，面临的问题和制约，研判未来一段时期尤其是未来5年我国创新驱动发展面临的新机遇、新挑战，提出加快推动实施创新驱动发展战略、更好适应和引领经济发展新常态的思路、任务和重大举措，为党的十九大献言献策。

本书共有一个总报告、四个专题报告、一篇政策述评、一篇观点综述和六个调研报告。总报告在系统阐述党的十八大以来我国落实新发展理念、实施创新驱动发展战略取得的卓越成绩和面临的突出问题制约，以及基于新形势、新条件提出了未来5～10年创新驱动发展战略“三大拓展”的重大任务部署以及六大方面的重大战略举措。专题报告、调研报告各分析了农业、实体经济、服务业、高新技术产业等不同行业领域，以及江苏、浙江、广东和部分特色高新技术产业园区等不同区域、平台，党的十八大以来落实新发展理念、实施创新驱动发展取得的成绩，面临的问题和机遇挑战并提出了适应新形势新条件的任务部署和举措建议。

负责报告、专题撰写的同仁们均有丰富的研究经验，他们绝大多数参与过国家创新驱动发展战略以及农业、制造业、服务业、高新技术产业、战略性新兴产业等大政方针的研究起草工作。有关研究成果凝聚了他们多年来在各自专业领域研究上付出的心血，反映了他们对各行各业各区域更好落实新发展理念、加速实现创新驱动发展的真知灼见和期待心声。其中，姜江负责总报告、粤港澳大湾区以及生物产业集聚区调研报告的撰写，邱灵负责执笔观点综述和江苏常州武进区的调研报告，盛朝迅负责执笔实体经济专题和东中西部7省12市调研报告，张义博、洪群联、杨威分别负责农业、服务业、高技术产业专题报告执笔，任继球负责执笔政策述评，韩祺负责执笔广东省深圳市调研报告，邵子蔚负责全书图件的设计。

以史为鉴，可知兴替。当前，正值党的十九大召开将满五载、二十大筹备在即，国际环境日趋复杂，新冠肺炎疫情影响广泛深远的极其特殊的历史时期。坚持创新在我国现代化建设全局中的核心地位，面向世界科技前沿、面向经济主战场、面向国家重大需求、面向人民生命健康，深入实施创新驱动发展战略，更有必要深刻分析前一段时期新发展理念落实、创新驱动发展战略实施中遇到的核心掣肘，反思前期政策的利弊得失。本书从重点行业、重点区域等几个视角，综合研判了我国创新驱动发展的若干深层次问题并提出战略部署，对今后一段时期有关行业、地方落实新发展理念、深入实施创新驱动发展战略仍有重要借鉴意义。

需要说明的是，由于2017年从立项到成果验收周期仅有10个月，研究团队紧锣密鼓开展研究过程中，难免存在一些疏漏和遗憾。后期，该课题的部分研究成果也陆续通过公开发表或者反映于研究团队参与研究起草的国家科技创新政策文件精神中等各种形式转化，但是更新的延伸研究成果并没有重新反馈到本书中。呈现给读者的书稿基本是研究团队针对新发展理念落实、创新驱动发展战略实施等问题最早期、最直观的思考。本书如果对研究同行、读者有所启发、有所借鉴，是我们研究团队以及宏观经济研究院科研部陈曦等负责课题组织协调的同志的集体贡献，若有所欠缺和疏漏，敬请各位读者批评指正。

姜 江

2021年5月 国宏大厦

目 录

总报告

一、党的十八大以来，我国落实新发展理念、实施创新驱动发展战略，适应和引领经济发展新常态的主要成就 / 4

（一）整体科技实力大幅提升，部分领域从跟跑者转为并跑者甚至领跑者 / 4

（二）创新型企业快速成长，引领产业发展持续向高端、绿色、开放、融合迈进 / 5

（三）创新绩效持续提高，对经济社会转型发展的引擎作用凸显 / 6

（四）创新驱动发展的顶层设计日臻完善，创新理念深入人心 / 7

（五）新理念指引创新战略进入全面创新的新时代，谱写中国特色社会主义创新理论体系新篇章 / 10

二、当前落实新发展理念、实施创新驱动发展战略，适应和引领经济发展新常态存在的不足和制约 / 11

（一）论文、专利数量大幅增长，但重大成果少，科技成果有效供给不足 / 11

（二）企业产品和服务的创新不能及时满足新需求，不适应新常态结构优化和动力转换的紧迫要求 / 12

（三）科技与经济结合不紧密的问题尚未得到根本解决 / 13

（四）人才、基础设施等支撑不足，掣肘创新驱动经济社会转型发展 / 13

（五）创新生态环境特别是软环境仍不完善，是制约创新驱动发展的根本原因 / 14

三、落实新发展理念、实施创新驱动发展战略面临的新形势 / 15
（一）全球经济发展格局的新变化倒逼创新成为大国实现经济再平衡的核心战略 / 15
（二）科技进步和创新引发人类生产生活的深刻变革持续向纵深推进 / 16
（三）新优势加速形成、传统比较优势持续弱化，迫切要求我国以创新为引领参与国际科技产业分工、合作和竞争 / 17
四、落实新发展理念、推动创新驱动发展，更好适应和引领经济发展新常态的战略思路和主要任务 / 18
（一）拓展产业领域 / 18
（二）拓展创新主体 / 19
（三）拓展创新基础 / 20
五、重大举措建议 / 22
（一）建立健全落实新发展理念、创新驱动发展的考评指标体系和评估实施机制 / 23
（二）组织实施一批重点领域创新发展行动计划 / 24
（三）加快推进企业创新能力提升工程 / 25
（四）推动大众创业、万众创新持续健康发展 / 27
（五）加大重大技术攻关，着力构建先进基础设施等硬环境 / 28
（六）打造汇聚人才、知识、资金等创新要素的政策环境和体制机制生态 / 30

专题报告

专题报告一　农业落实新发展理念、推动实施创新驱动发展战略的成绩、问题和对策研究 / 37
一、党的十八大以来农业落实五大发展理念成绩斐然 / 38
（一）农业创新发展实现多点突破 / 38
（二）农业协调发展取得重大进展 / 42
（三）农业绿色发展持续扎实推进 / 45

（四）农业开放发展迈入新的阶段 / 47
（五）农业共享发展开创新的局面 / 49
二、农业落实新发展理念、推动实施创新驱动发展战略面临的主要问题与挑战 / 50
（一）农业制度改革有待深入，创新驱动能力不足 / 50
（二）农业供需不协调，供给侧结构性矛盾突出 / 51
（三）农业资源环境约束日益加剧，可持续发展面临挑战 / 52
（四）农业生产成本持续上升，大宗农产品全面丧失国际竞争力 / 53
（五）贫困地区生产要素缺失，长效脱贫难度大 / 55
三、农业落实新发展理念、推动实施创新驱动发展战略的思路与建议 / 56
（一）基本思路 / 56
（二）政策建议 / 58

实专题报告二 体经济创新驱动发展的主要成就、问题和对策研究 / 67

一、创新驱动实体经济发展取得显著成效 / 68
（一）重点产业创新能力显著提升 / 68
（二）越来越多的企业重视以创新提升竞争力 / 70
（三）创新驱动政策范围由高技术领域向实体经济拓展 / 73
二、创新尚未成为驱动实体经济发展的第一动力 / 75
（一）实体经济发展仍主要依靠要素驱动 / 75
（二）实体经济创新驱动发展的基础仍不扎实 / 76
（三）创新驱动实体经济发展仍面临诸多体制机制障碍 / 76
三、创新驱动实体经济转型发展的政策建议 / 77
（一）将创新聚焦到实体经济发展 / 77
（二）组织实施重点产业创新发展工程 / 80
（三）实施重点企业创新能力提升行动计划 / 80
（四）完善相关体制机制和政策环境 / 81

专题报告三 服务业落实新发展理念、推动实施创新驱动发展战略的成绩、问题和对策研究 / 85

一、服务业落实新发展理念、推动实施创新驱动发展战略取得的成绩 / 86
（一）创新发展：新兴业态层出不穷，创新能力稳步提升 / 87
（二）协调发展：内部结构不断优化，现代化转型步伐加快 / 90
（三）绿色发展：产出效率稳步提升，集聚和环保成效显著 / 93
（四）开放发展：对外开放加快推进，国际竞争力有所提高 / 94
（五）共享发展：就业的蓄水池功能增强，保障民生能力增强 / 96
二、服务业落实新发展理念、推动实施创新驱动发展战略存在的问题 / 100
（一）创新发展方面：劳动生产率偏低，创新能力偏弱 / 100
（二）协调发展方面：结构性失衡突出，现代化程度偏低 / 101
（三）绿色发展方面：投资产出效率下滑，集约化水平有待提高 / 102
（四）开放发展方面：服务贸易逆差大，国际竞争力不强 / 104
（五）共享发展方面：民生相关服务业发展滞后，就业结构偏离明显 / 106
三、服务业落实新发展理念、推动实施创新驱动发展战略的思路与建议 / 107
（一）服务业落实新发展理念、推动实施创新驱动发展面临的新形势与新挑战 / 107
（二）服务业落实新发展理念、推动实施创新驱动发展战略的总体思路 / 108
（三）服务业落实新发展理念、推动实施创新驱动发展战略的具体建议 / 109

专题报告四 高技术产业推动创新驱动发展战略的成绩、问题和对策研究 / 115

一、推动创新驱动发展战略取得的成绩 / 116
（一）经济实力不断增长 / 116
（二）组织结构持续优化 / 118
（三）创新能力逐步提升 / 120
（四）国际竞争力日趋增强 / 122

二、推动实施创新驱动发展战略的主要问题 / 124
（一）自主创新能力不强 / 124
（二）有效资本供给明显不足 / 126
（三）人才结构性短缺问题突出 / 128
（四）创新体制制约严重 / 130
（五）创新软环境有待优化 / 132
三、对策建议 / 133
（一）增强产业技术创新能力 / 133
（二）创建多元化的创新资金链 / 134
（三）加强多层次人才保障 / 135
（四）加快创新体制改革 / 135
（五）优化创新软环境 / 136

政策述评

一、近期主要政策概述 / 144
（一）落实与新发展理念相关的政策 / 144
（二）推动实施创新驱动发展战略的相关政策 / 147
二、现有政策的主要目标及要解决的问题 / 151
（一）推动经济包容性增长 / 151
（二）营造激励创新的公平竞争环境 / 152
（三）推动产业创新发展 / 153
（四）培育和有效配置创新人才和资源 / 154
三、现有政策的主要特点 / 155
（一）更加注重从供给侧发力 / 155
（二）更加注重发挥市场作用 / 156
（三）更加注重环境营造和普惠性政策 / 156
（四）更加注重体制机制改革和创新 / 157
（五）更加注重采用多样化政策手段 / 158

（六）坚持长期性与短期性相结合 / 158
（七）坚持指导性与操作性相结合 / 159
四、完善现有政策的几点建议 / 159
（一）加强顶层设计和统筹协调，切断政策打架病根 / 159
（二）加快推进相关政策落地，进一步提高政策的可操作性 / 160
（三）加大对政策的后续评估，加强对政策的修改和完善 / 160
（四）增加对需求侧政策的使用，加强对政策工具的创新 / 161

观点综述

一、关于落实新发展理念研究 / 166
（一）关于新发展理念提出背景的探讨 / 166
（二）关于新发展理念基本内涵的探讨 / 166
（三）关于新发展理念逻辑关系的探讨 / 168
（四）关于新发展理念重大意义的探讨 / 169
（五）关于新发展理念实现路径的探讨 / 170
二、关于推动实施创新驱动发展战略研究 / 172
（一）关于创新驱动发展重大意义的探讨 / 172
（二）关于创新驱动发展内涵特征的探讨 / 173
（三）关于创新驱动发展评价体系的探讨 / 174
（四）关于创新驱动发展国际比较的探讨 / 175
（五）关于创新驱动发展现状问题的探讨 / 176
（六）关于创新驱动发展政策措施的探讨 / 177
三、简要评述与研究展望 / 180

调研报告

调研报告一 浙江省三地深入实施创新驱动发展战略情况调研 / 187

一、成效和做法 / 188

二、面临的困难和问题 / 190

三、意见和建议 / 191

调研报告二 深圳落实新发展理念、实施创新驱动发展战略的调研报告 / 195

一、深圳已成为引领全国落实新发展理念、实施创新驱动发展战略的排头兵 / 196

（一）“创新”引领深圳经济又好又快发展 / 196

（二）“协调”构建“大企业顶天立地、小企业铺天盖地”的新格局 / 197

（三）“绿色”发展走在全国前列 / 198

（四）“开放”为城市发展不断注入新活力 / 199

（五）“共享”构建创新发展新平台 / 200

二、“敢为人先、先行先试”的做法为深圳落实新发展理念、实施创新驱动发展战略奠定坚实基础 / 200

（一）抢先谋划超前布局，不断完善创新政策体系 / 200

（二）超常规建设创新载体，补齐创新资源短板 / 201

（三）创新财税支持方式，引导企业加大研发投入 / 202

（四）构建开放创新网络，强化创新资源配置能力 / 202

（五）构建综合创新生态体系，优化产业发展环境 / 203

三、存在的短板和问题 / 204

四、政策启示 / 206

（一）夯实企业在生态系统中的核心作用 / 207

（二）补好科研院所在生态系统中的短板 / 207

（三）进一步加强财税金融支撑，增强生态系统活力 / 208

（四）坚持让“人”在生态系统中发挥更加核心的作用 / 209
（五）进一步厚植政策支持的土壤 / 211

调研报告三　适应引领新常态、落实新发展理念、推动创新驱动发展调查——对东中西部7省份12市的调研 / 213

一、新发展理念引领下的创新驱动发展 / 214
（一）创新活力迸发，创新动力强劲 / 214
（二）创新范围拓展，产业发展的协调性增强 / 215
（三）创新驱动绿色转型，绿色动能快速壮大 / 216
（四）创新开放水平逐步提高，美誉度大幅提升 / 217
（五）创新成果更加共享，惠及更多民众与群体 / 217
二、主要问题与制约 / 218
（一）既有要素供给体系跟不上创新发展要求 / 218
（二）中小微企业的创新发展面临难题较多 / 219
（三）体制机制制约和束缚仍然较多 / 220
三、精准施策，以新发展理念推动创新向纵深发展 / 220
（一）着力破除体制机制障碍，提升创新要素与产品的供给能力 / 220
（二）持续拓展创新领域，推动创新与产业深度融合协调 / 221
（三）应用现代技术促进绿色发展，推动创新与绿色深度衔接 / 221
（四）积极促进创新国际化，稳步提高创新开放水平 / 222
（五）创新共享发展模式，让创新惠及更多群体 / 222

调研报告四　粤港澳大湾区落实新发展理念、实施创新驱动发展战略的调查研究建议 / 225

一、湾区落实新发展理念、实施创新驱动发展战略成绩卓著 / 228
（一）“9+2”市、区以新发展理念为指引，形成创新高效协同互动的发展新模式 / 228
（二）“9+2”市、区具备加快实施创新驱动发展战略的有利基础和条件 / 231

二、未来一段时期湾区加快落实新发展理念、深入实施创新驱动发展战略的几点建议 / 233

调研报告五 武进创新驱动的经验与启示——探索新苏南模式创新发展之路 / 237

一、做法与成效 / 238

二、问题与制约 / 242

三、意见与建议 / 245

调研报告六 以新发展理念推动我国生物医药产业集聚发展——基于3省12市生物医药园区调研的政策建议 / 249

一、我国生物医药产业集聚发展已初见成效 / 250

（一）我国生物医药产业发展的集聚效应凸显 / 250

（二）生物医药产业集群成为推动区域经济转型升级的重要支撑 / 250

（三）培育生物医药产业集群，有力助推地方的招商引资、引智引技工作/251

二、我国生物医药园区一定程度上存在着“数量较多、支撑不足、水平不高”等问题 / 252

（一）生物医药产业园区总体数量较多 / 252

（二）生物医药园区发展主要依靠“挂牌子”“要政策” / 253

（三）生物医药园区发展低水平、重复建设的现象突出 / 253

三、以新发展理念推动生物医药产业集聚发展 / 254

（一）注重创新发展，不断完善生物医药园区的评价体系 / 255

（二）注重协调发展，分类施策促进生物医药产业园区的健康发展 / 255

（三）注重绿色发展，坚决关停并转一批环保不达标的园区 / 256

（四）注重开放发展，鼓励生物医药集聚新模式的发展 / 257

（五）注重共享发展，建设一批生物医药产业园区的共性平台 / 258

总报告

ZONG BAO GAO

落实新发展理念、推动实施创新驱动发展战略，更好地适应和引领经济发展新常态研究

内容提要：党的十八大以来，我国落实新发展理念、推动实施创新驱动发展战略成果斐然，但与引领和适应经济发展新常态的紧迫要求相比，仍然存在较大差距。突出表现为重大成果偏少、创新有效供给不足、科技与经济结合不紧密、激励创新的体制机制和政策环境亟待完善等问题，严重掣肘了创新引领和适应经济发展新常态。未来5～10年，落实新发展理念、推动实施创新驱动发展战略的关键是要加速完成“三大拓展”：一是拓展创新方向，由创新重点聚焦于高技术产业，向创新驱动制造业、农业转型升级、推动服务业提质增效多方向拓展；二是拓展创新主体，由以企业为创新主体，向激发企业主体与广大人民群众的创新活力双方向拓展；三是拓展创新基础，由前期集中于科教等硬基础，向“硬”“软”基础并行拓展。为此，要加快建立健全考评指标体系和评估实施机制，组织实施一批重点领域的创新发展行动计划和企业创新能力提升工程，推动大众创业万众创新持续健康发展，加大重大技术攻关，着力构建先进基础设施等硬环

境，打造汇聚知识、人才、资金等创新要素的政策环境和体制机制生态。

当前，我国经济发展进入新常态，进入到增速换挡、结构优化和动力转换的关键时期，迫切需要深入贯彻落实新发展理念，推动实施创新驱动发展战略，全面提升创新能力，推动产业发展迈向中高端，重塑中国经济竞争优势。本文回顾总结了党的十八大以来新发展理念落实、创新驱动发展战略实施取得的成绩，面临的问题和制约，提出未来一段时期加快推动实施创新驱动发展战略、更好适应和引领经济发展新常态的思路、任务和重大举措。

一、党的十八大以来，我国落实新发展理念、实施创新驱动发展战略，适应和引领经济发展新常态的主要成就

党的十八大以来，中共中央将创新发展放在突出位置，提出创新、协调、绿色、开放、共享五大发展理念，制订和出台了一系列重大措施，我国科技进步、产业转型升级、经济社会可持续发展取得系列辉煌成就。

（一）整体科技实力大幅提升，部分领域从跟跑者转为并跑者甚至领跑者

据《全球创新指数》报告显示，我国于2016年成为全球首个跻身创新指数排名25强的中等收入经济体，2017年创新指数排名位次上升至第22位。从科技投入看，研发经费支出逐年上升，从2012年的10298.4亿元增至2016年的15440亿元，年均复合增速达10.7%；总支出规模于2013年超过日本，成为仅次于美国的世界第二大研发经费投入国家；研发经费支出占国内生产总值比重从2012年的1.91%上升至2016年的2.07%，接近发达国家研发投入强度平均水平。从科技产出看，我国发表SCI论文数量居世界第

二，被引用次数世界排名第四。2016年全国受理发明专利申请133.9万件，连续6年位居世界首位。国内发明专利拥有量突破100万件、每万人发明专利拥有量达到8.0件，成为继美国和日本之后，世界上第三个国内发明专利拥有量超过百万件的国家。在高温超导、中微子物理、纳米科技、干细胞研究、人类基因组测序等基础科学领域持续取得重大突破，航天、量子通信、高性能计算机、高速铁路、北斗导航、超级杂交水稻等领域步入“并跑”甚至“领跑”的新阶段。

（二）创新型企业快速成长，引领产业发展持续向高端、绿色、开放、融合迈进

近年来，新创办企业数量快速增长，创业投资呈现“井喷”发展态势，新的创新创业浪潮正在形成。与此同时，涌现出一批创新型大企业。比如，华为坚持不懈创新，研发投入占销售收入比重连年逾10%，如今已成长为通信领域的全球引领者，2016年总收入规模达到5200亿元，被《经济学人》称为“欧美跨国公司的灾难”，《时代》称之为“所有电信产业巨头最危险的竞争对手”。2016年，在香港上市的腾讯市值高达1.6万亿元，超过工商银行、中国移动、中国石油等垄断型国有大型企业，位居2016年中国企业市值排行榜首；百度市值3957亿元、居第19位，京东市值2507亿元、居第32位，网易市值2038亿元、居第36位。

从私募股权市场来看，2016年全球估值超过10亿美元的近200家独角兽企业中，中国企业约占25%。特别是全球独角兽企业前20强中，中国企业占9席，诸如小米、滴滴出行等企业估值分别达到450亿美元、337亿美元。

各行各业积极把思想和行动统一到新发展理念上来，更加崇尚创新、注重协调、倡导绿色、厚植开放。通信设备、高铁、家电、核电等领域已经迈进全球价值链中高端，在品牌影响力、研发实力、标准制订等环节拥有话语权甚至控制力。

企业更加重视通过技术进步、商业模式创新、员工技能提升、管理制度变革等来提高生产率和产品附加值，面向新需求、适应新消费，主动推陈出新、转型升级、跨界发展，大力降低能源和资源消耗，进一步对接全球技术、资金和人才资源以及国际市场，推动产业高端化、绿色化、国际化以及融合程度不断提高。

（三）创新绩效持续提高，对经济社会转型发展的引擎作用凸显

党的十八大以来，我国科技进步贡献率由2012年的50%左右稳步增至2016年的56.2%，全国技术市场成交额由6437亿元（2012年）增加至11407亿元（2016年）。创新在促进传统动能改造提升、新动能孕育壮大中的作用日益显著。装备、交通、能源、金融、餐饮、旅游等越来越多的传统产业通过高新技术改造应用实现转型升级，积极创新产品和服务以满足新的市场需求，改进商业模式、管理手段、资本运作方式以激发新的发展动力和能量。

新技术新产业快速崛起壮大，有力支撑起新旧动能转换。被国际电信联盟确定为第四代移动通信国际标准的TD-LTE-Advanced技术，已形成逾2.7亿用户规模的完整产业链条。自主开发的核心信息安全芯片实现技术突破并用于国产千万亿次高性能计算机和移动智能终端产品的批量生产。“天河二号”超级计算机在医药等领域的应用取得显著效益。北斗导航系统广泛应用于交通、运输等领域，形成千亿元产值。超级预算、基因工程、新一代宽带、智能终端等大量新技术与农业、制造业、物流、医药等传统产业加快融合发展，依托庞大的用户群正在形成潜力巨大的新兴产业和消费市场。

区域创新创业试点示范工作加快推进，以深圳、杭州等为代表的部分城市率先实现了由要素驱动、投资驱动向创新驱动的转变，带动区域经济转型发展的成效卓然。

（四）创新驱动发展的顶层设计日臻完善，创新理念深入人心

创新驱动发展战略是我国科技事业探索之路的最新实践，是中国特色自主创新道路的重要组成部分，为指导新时期科技创新改革发展提供了强大的理论武器。党的十八大以来，国家层面围绕创新驱动发展先后出台了40余份重要文件（参见表1所示），具体包括：制定实施《关于深化体制机制改革 加快实施创新驱动发展战略的若干意见》，直面当前制约我国实现创新驱动发展的若干体制机制问题，作了共计9章30条的重点任务和改革部署；修订颁布《促进科技成果转化法》，将财政资金支持的科技成果的知识产权下放给具有法人资格的科研事业单位，明确规定科技成果转化的净收入中科技人员提取不低于50%的比例；出台《国务院关于大力推进大众创业万众创新若干政策措施的意见》，进一步推动资金链引导创业创新链、创业创新链支持产业链、产业链带动就业链；印发《国家创新驱动发展战略纲要》，提出实现创新驱动发展的战略目标、实践载体、重点任务、制度安排和保障措施等。

总体来看，主要是围绕技术攻关、简政放权、财税扶持、创业孵化、成果转化、人才培养、开放包容等方面积极开展任务部署。通过实践探索，不断完善创新驱动发展的顶层设计，明确中央和地方有关部门、企业、金融机构以及社会各界的职责分工，优化创新创业生态，初步形成了全社会鼓励创新、推动创新、支持创新的政策体系，创新理念深入人心，创新在全社会蔚然成风。

表1 党的十八大以来与创新有关的政策一览

政策公布时间	政策名称	政策文号
2013年1月	国务院关于印发《"十二五"国家自主创新能力建设规划》的通知	国发〔2013〕4号
2013年2月	国务院办公厅关于强化企业技术创新主体地位全面提升企业创新能力的意见	国办发〔2013〕8号
2014年2月	国务院关于印发《注册资本登记制度改革方案》的通知	国发〔2014〕7号
2014年7月	国务院关于促进市场公平竞争维护市场正常秩序的若干意见	国发〔2014〕20号
2014年10月	国务院关于加快科技服务业发展的若干意见	国发〔2014〕49号
2014年11月	国务院关于扶持小型微型企业健康发展的意见	国发〔2014〕52号
2014年11月	国务院办公厅关于促进国家级经济技术开发区转型升级创新发展的若干意见	国办发〔2014〕54号
2014年11月	国务院关于创新重点领域投融资机制鼓励社会投资的指导意见	国发〔2014〕60号
2015年1月	国务院印发《关于深化中央财政科技计划（专项、基金等）管理改革方案》的通知	国发〔2014〕64号
2015年1月	国务院关于国家重大科研基础设施和大型科研仪器向社会开放的意见	国发〔2014〕70号
2015年3月	中共中央、国务院关于深化体制机制改革加快实施创新驱动发展战略的若干意见	中发〔2015〕8号
2015年3月	国务院办公厅关于发展众创空间推进大众创新创业的指导意见	国办发〔2015〕9号
2015年5月	国务院关于进一步做好新形势下就业创业工作的意见	国发〔2015〕23号
2015年5月	国务院关于大力发展电子商务加快培育经济新动力的意见	国发〔2015〕24号
2015年5月	国务院关于税收等优惠政策相关事项的通知	国发〔2015〕25号
2015年5月	国务院办公厅关于深化高等学校创新创业教育改革的实施意见	国办发〔2015〕36号
2015年5月	国务院办公厅关于加快高速宽带网络建设推进网络提速降费的指导意见	国办发〔2015〕41号

（续表）

政策公布时间	政策名称	政策文号
2015年5月	国务院办公厅转发《财政部国家发展改革委中国人民银行关于在公共服务领域推广政府和社会资本合作模式指导意见》的通知	国办发〔2015〕42号
2015年6月	国务院关于大力推进大众创业万众创新若干政策措施的意见	国发〔2015〕32号
2015年6月	国务院关于批转《国家发展改革委等部门法人和其他组织统一社会信用代码制度建设总体方案》的通知	国发〔2015〕33号
2015年6月	国务院办公厅关于促进跨境电子商务健康快速发展的指导意见	国办发〔2015〕46号
2015年6月	国务院办公厅关于支持农民工等人员返乡创业的意见	国办发〔2015〕47号
2015年6月	国务院办公厅转发《中国银监会关于促进民营银行发展指导意见》的通知	国办发〔2015〕49号
2015年6月	国务院办公厅关于加快推进“三证合一”登记制度改革的意见	国办发〔2015〕50号
2015年7月	国务院关于积极推进“互联网+”行动的指导意见	国发〔2015〕40号
2015年7月	国务院关于取消一批职业资格许可和认定事项的决定	国发〔2015〕41号
2015年9月	中共中央办公厅、国务院办公厅印发《关于在部分区域系统推进全面创新改革试验的总体方案》的通知	中办发〔2015〕48号
2015年9月	国务院关于加快构建大众创业万众创新支撑平台的指导意见	国发〔2015〕53号
2015年10月	国务院关于第一批取消62项中央指定地方实施行政审批事项的决定	国发〔2015〕57号
2016年2月	国务院关于印发实施《〈中华人民共和国促进科技成果转化法〉若干规定》的通知	国发〔2016〕16号
2016年4月	国务院关于印发《上海系统推进全面创新改革试验加快建设具有全球影响科技创新中心方案》的通知	国发〔2016〕23号
2016年5月	中共中央、国务院印发《国家创新驱动发展战略纲要》的通知	中发〔2016〕4号

（续表）

政策公布时间	政策名称	政策文号
2016年5月	国务院关于深化制造业与互联网融合发展的指导意见	国发〔2016〕28号
2016年5月	国务院关于印发《2016年推进简政放权放管结合优化服务改革工作要点》的通知	国发〔2016〕30号
2016年8月	国务院关于印发《“十三五”国家科技创新规划》的通知	国发〔2016〕43号
2016年9月	国务院关于印发《北京加强全国科技创新中心建设总体方案》的通知	国发〔2016〕52号
2016年11月	中共中央办公厅、国务院办公厅印发《关于实行以增加知识价值为导向分配政策的若干意见》的通知	厅字〔2016〕35号
2017年2月	国务院办公厅关于促进开发区改革和创新发展的若干意见	国办发〔2017〕7号
2017年7月	国务院关于强化实施创新驱动发展战略进一步推进大众创业万众创新深入发展的意见	国发〔2017〕37号
2017年9月	国务院办公厅关于推广支持创新相关改革举措的通知	国办发〔2017〕80号

资料来源：根据公开资料整理。

（五）新理念指引创新战略进入全面创新的新时代，谱写中国特色社会主义创新理论体系新篇章

以习近平同志为核心的党中央审时度势、果断决策，以历史纵深和全球视野，从时代发展前沿和国家战略高度，提出一系列关于创新驱动发展的新理念新思想新战略，把中国创新战略引入全面创新的新时代。回顾新中国成立以来70年的创新发展历程，从“向科学进军”到“科学技术是生产力”，从“科教兴国战略”到“提高自主创新能力”，再到“创新是引领发展的第一动力”，反映了中共中央对创新发展认识的不断深化，中国特色社会主义创新理论体系“四梁八柱”的框架基本成型。

首先，以科技创新为核心的全面创新，回归了创新的经济学本质。

强调创新不局限于科技教育领域，不单纯体现为专利、文章等知识产权产出，而是以创新为驱动力，推进科技、经济、社会全面跨越发展，能够更好地适应和引领经济社会发展新常态。

其次，将创新列为五大发展理念之首，创新驱动战略上升到新的历史高度。“创新是引领发展的第一动力”的重大论断是马克思主义关于发展的理论在中国的最新探索，是“科学技术是第一生产力”重要思想的创造性发展，标志着我国已经进入到由要素驱动、投资驱动加快向创新驱动发展的重要历史机遇期。创新能否成为引领发展的第一动力，事关“两个一百年”奋斗目标的实现，事关中华民族伟大复兴中国梦的实现。

最后，创新驱动发展战略将创新与经济发展更紧密地结合起来。强调抓创新就是抓发展，谋创新就是谋未来。适应和引领我国经济发展新常态，关键就是要依靠科技创新转换发展动力。强调创新成果能够惠及产业转型升级、经济社会可持续发展的方方面面。

二、当前落实新发展理念、实施创新驱动发展战略，适应和引领经济发展新常态存在的不足和制约

尽管近年来我国创新驱动发展转型取得重大进展，但与引领和适应经济发展新常态的紧迫要求相比，仍然存在较大差距，突出表现为以下五个方面。

（一）论文、专利数量大幅增长，但重大成果少，科技成果有效供给不足

尽管近年来我国研发投入、知识产权产出、科技人力资源储备等创新指标成效显著，但总体上看，我国创新实力主要表现为总量规模优势，在创新竞争力方面与科技经济大国的地位尚不相称，科技基础仍然薄弱，关

键领域和新技术受制于人的格局没有从根本上改变。据《2016年全球创新指数》报告，2015年，我国专利合作协定（PCT）专利数量达到29846件，仅次于美国和日本，但具有较高科技和经济价值的三方专利数量仅为1897件，远远落后于同期日本（16197件）、美国（14211件）的水平。我国“知识产权收入占贸易总额比重”指标在全球排名第72位，2014年知识产权使用费收入6.8亿美元、支出226.1亿美元，逆差达219.3亿美元，而同期美国、日本分别顺差880多亿美元和160多亿美元。

先进高端材料研发和生产水平远落后于主要发达国家，关键高端材料远未实现自主供给。绝大多数专利药物市场被国外公司垄断，高端医疗装备主要依赖进口。

总体来看，适应、引领经济发展新常态的科技储备仍然不足，产业总体处于全球价值链中低端，军事、安全领域的技术水平与发达国家相比差距较大。

（二）企业产品和服务的创新不能及时满足新需求，不适应新常态结构优化和动力转换的紧迫要求

企业是创新的发动机，也是适应和引领经济发展新常态的核心力量。然而，伴随我国工业化、城镇化进程加快，居民收入和消费水平持续提高，企业产品和服务的创新速度滞后于市场需求的问题日益突显。主要原因是我国企业创新能力不强，绝大多数企业没有实力、精力和动力从事开创性的技术开发、商业模式创新活动。

2016年，我国有研发活动的规模以上工业企业比重由2012年的13.7%上升到19.2%，研发经费支出与主营业务收入比重由2012年的0.77%调整为0.9%，但仍远远低于主要发达国家的水平。企业研发支出中用于基础研究、应用研究的比例长期不足。例如，2015年全国基础研究支出经费中企业仅占4.2%，应用研究支出经费中企业占比25.7%，而在发达国家，大量科技产业前沿领域的原创性研究都是由企业承担的。

此外，我国大多数企业以“追赶型”创新、商业模式创新等为主，原创性、首创性的重大创新产品和服务还不多。例如，腾讯、阿里巴巴、百度、京东、华大基因、比亚迪等企业的创新能力已处于国内行业领先水平，但是与思科、苹果、谷歌、亚马逊、基因泰克、特斯拉等企业相比，在核心技术、知识产权、品牌影响力等方面还存在相当差距。

（三）科技与经济结合不紧密的问题尚未得到根本解决

科技成果产业化是实现创新驱动转型发展的关键环节。但从我国实际情况看，科技成果转移转化的效率显著低于发达国家。主要原因是高校科研院所从事的绝大多数研发活动不以市场为导向，而大量承担国家重大科技计划的高等院校和科研院所，普遍缺乏科技成果产业化的能力，加上目前以论文、专利等为导向的考核机制，目标分散、行政科研合一的监督管理机制，高等院校、科研院所也缺乏技术转移、科技成果产业化的动力。

此外，技术市场不完善，专利制度不合理，科技成果转移转化获利空间小等也是制约科技与经济相结合的重要原因。

新修订的《科技成果转化法》实施以来，上述情况得到一定缓解。但据调查，多数地方、机构落实《科技成果转化法》时只从两点上做文章：一是允许科研人员停薪留职办公司，二是不断提高职务发明人科技成果转化收益的个人提成比例。这些做法都远没有触及科技成果转化的痛点和堵点。

（四）人才、基础设施等支撑不足，掣肘创新驱动经济社会转型发展

一是长期以来以应试教育为主的制度不利于培育创新思维。我国高等教育在课程设计上专业壁垒大，学科融合度较低，培养模式单一。课程设置基本以授课式为主，导师对学生的指导时间和质量总体不高，缺少系统和科学地培养学生自学能力的教学体系。

二是有利于培养创新思维、提升实践能力的职业教育发展滞后。我国职业教育总体上仍然沿袭了灌输式、“填鸭式”的教学模式，对激发学生主动创新的实践技能重视不够。同时，职业教育公认度不高、吸引力弱，更多时候是学生无奈情形下的求学就业通道选择。

三是有利于扩大创新成果应用、提升创新效率的基础设施水平及其公众普及效率有待进一步提高。一方面，信息基础设施水平及其应用效率仍不高，宽带普及率仅为经济合作组织（OECD）国家平均值的一半，宽带速率远低于欧美发达国家并且移动数据流量资费偏高。另一方面，公共资源向公众开放的程度仍然不高，“信息孤岛”现象频现，公众依托公共资源获取信息的难度仍然较大。

（五）创新生态环境特别是软环境仍不完善，是制约创新驱动发展的根本原因

落实新发展理念、实施创新驱动发展战略，对创新开拓者们所需要的生态环境提出了史无前例的高要求，涉及法律法规、体制机制、政策环境、文化氛围、舆论导向等方方面面。虽然这些年来，我国知识产权相关法制环境有一定改善，但“侵权易、维权难”、判赔额度偏低等问题依然突出。针对行业垄断惩罚、信息安全以及环境保护等方面的执法不严现象比较常见。新修订的《科技成果转化法》一定程度上提升了科技成果的转移转化效率，但职务发明人获取知识产权转化收益仍面临一些难题。

此外，诸如数据公开立法等制度能在很大程度上推动创新成果惠及更广范围，在一些国家和地区也有很好的实践，但在我国却长期缺失。

体制机制与政策环境方面不利于落实新发展理念的问题也比较突出。

例如，能源、资源、土地、劳动力等生产要素的定价机制没有对创新形成倒逼作用。国有企业、地方政府等激励创新的考核体制不健全。政府创新资源过多倾向于大学、研究机构，政策扶持方向偏重于主要发达国家所倡导的前沿科学领域。同时，现有创新管理部门分散、缺乏统筹协调，导致创新政策难以形成合力。

商事环境、投融资制度仍不利于中小微科技型企业发展，部分行业监管制度制约跨界型的新技术新模式新产业发展，风险投资、融资担保、小额贷款等金融机构数量众多但是规模较小，难以有效支持创新。据《2016年全球创新指数》排名，我国“监管环境”“商业环境”等指标在国际上排名仅为第107位和第77位。

三、落实新发展理念、实施创新驱动发展战略面临的新形势

未来5年乃至更长一段时期，全球经济发展的不确定性增强，国际贸易保护主义、民族主义倾向持续上升，新一轮科技革命和产业变革浪潮中的各类颠覆性科技进步和创新持续向纵深推进，决定了我国落实新发展理念、实施创新驱动发展战略将面临更加复杂多变的内外部环境，机遇和挑战并存。

（一）全球经济发展格局的新变化倒逼创新成为大国实现经济再平衡的核心战略

近年来，英国公投退欧、美国特朗普胜选、欧洲“大选年”以及逆全球化的“黑天鹅事件”频出，国际经济政治的不确定因素明显加剧，预计世界经济在较长一段时期内将在较低增长速度中徘徊。为在新一轮国际科技革命和产业分工格局调整中占据有利位势，发达国家、新兴市场国家

纷纷采取措施，加大创新投入，培育新的增长动力。特朗普政府时期的科技政策方向、创新战略部署，以及其倡导的“美国利益优先”“制造业回流”等理念，较大程度地影响了美国高科技领域跨国公司在全球的布局投资计划，未来更多的技术、资金、人才等创新资源将向美国本土集聚。此外，特朗普时期的税收改革等优先议题有利于维系美国产业界的创新热情。例如，税收抵免较大可能被应用于制造业相关部门的研究开发活动过程，企业降税并加大折旧等举措有助于引导美国企业加大力度投入信息基础设施。欧盟“2020创新战略”则以智能、可持续、包容性增长为核心，强调知识和创新作为未来增长的推动力，着力建设一个资源利用更高效、更环保、更有竞争力的经济联合体，突出以高质量就业带动经济增长、增强社会凝聚力。英国政府为实现长期可持续的高质量增长，陆续出台创新与研究战略、产业发展战略，加大力度投资未来资本回报率高的新兴产业领域，鼓励企业研究、创新，积极建设创新网络，开展国际合作，优化政府创新服务。韩国政府先后发布新增长动力计划、制造业创新3.0战略及其实施方案、九大国家战略项目等，大力发展节能减排、绿色交通、信息技术融合、人工智能等领域，完善创业生态系统，着力扶持中小微企业。

（二）科技进步和创新引发人类生产生活的深刻变革持续向纵深推进

当前，全球新一轮科技革命和产业变革已经从蓄势待发阶段过渡到群体迸发的新时期，科学发现、技术进步、创新及扩散引发人类生产生活的深刻变革持续发酵，催生更高质量、多元化、个性化、体验式的需求，衍生出大量新产品和服务、新业态、新模式，导致现有监管手段和方式、政策和制度环境乃至文化伦理等方方面面显现出诸多滞后和不适应。例如，信息经济时代进入深度繁荣期，云计算、物联网、移动互联网、大数据等新一代信息技术更加广泛地应用渗透于经济和社会发展的各个领域，推动信息经济以数字经济、网络经济、分享经济等新面貌涌现，在若干方面挑战现有政策和制度环境。现代生物技术进入大规模产业化阶段，引发医疗、工业、能源、农业等领域的深刻变革，有望为人类社会可持续发展所迫切需要解决的健康、能源、环境等重大问题提供新的解决手段，迫切要求增补相关法律法规。清洁能源技术持续取得突破，节能降耗减排的各种产品和服务快速发展，绿色理念渗透于物质生产、流通、分配、消费等各个环节，强调以人为本、人与自然和谐共处的绿色经济时代加速到来，倒逼相关标准、规则、政策作出适应性调整。

（三）新优势加速形成、传统比较优势持续弱化，迫切要求我国以创新为引领参与国际科技产业分工、合作和竞争

当前，我国经济总量稳居世界第二位，储备了相当坚实的物质基础，积累了规模庞大的科技人力资源，形成了相对完备的产业体系和全方位、多层次的对外开放格局，占全球近五分之一的人口规模为经济社会各行各业的大发展提供了广阔的市场空间。这些都为落实新发展理念、实施创新驱动发展战略创造了必要的先决条件。但是，也要清醒地看到，目前我国参与国际科技产业分工合作的优势和条件正在发生趋势性转变。之前赖以在全球产业分工格局中大量吸纳产业、技术转移的劳动力成本、能源资源要素条件等比较优势持续削弱。特别是美国推动制造业回流的意图日趋明显，德国、日本等主要发达国家纷纷以智能制造、机器人、新能源汽车等产业切入参与全球新一轮产业分工布局调整。而印度以及越南、老挝等东南亚国家凭借劳动力成本、能源资源以及语言环境等优势，积极承接发达国家的产业转移。我国参与产业国际分工和合作的形势日益严峻，本土企业囿于人力成本、税费负担、融资成本、体制机制政策限制等，甚至也出现外迁外移的苗头和倾向。这些都迫切要求我们以创新的思维重新塑造与

发展中大国地位相衬的比较优势，以协调的机制、绿色的模式、开放的态度、共享的精神参与到全球科技发展和产业分工、合作中。

四、落实新发展理念、推动创新驱动发展，更好适应和引领经济发展新常态的战略思路和主要任务

未来5~10年，是落实新发展理念、推动创新驱动发展战略实施的攻坚期，时不我待、不进则退，必须在前期发展的基础上，进一步扬长避短、攻坚克难，在崇尚创新、注重协调、倡导绿色、厚植开放、推进共享的指引下，强调创新是推动发展方式转变的第一动力，进一步明确创新发展战略的主攻方向、重点任务与路径选择，着力提升企业的创新能力，激发全社会的创造力，全面夯实创新驱动发展的知识储备、基础设施供应和教育与人才基石，完善知识产权、科技成果转化等创新体制和政策体系，更好地适应和引领经济发展新常态，为经济发展方式转变注入强大动力。为此，要在创新驱动发展的战略部署上着力推进“三大拓展”。

（一）拓展产业领域

即由之前重点强调高技术产业、战略性新兴产业的创新发展，向创新驱动传统产业转型升级，创新驱动服务业跨越发展，以及创新驱动高技术产业、战略性产业、新兴产业加快发展等多个方向并行拓展。既要进一步突出创新驱动发展的主攻方向，加大力度发展绿色、健康、信息、能源等战略性产业以及知识技术密集的高技术产业，将战略性新兴产业作为供给侧结构性改革的重要方向，着力营造有利于新技术新产品新业态新模式发展的良好生态环境；也要充分发挥创新推动制造业、农业等传统产业转型升级的作用，全面提升传统产业品牌效应和附加值，构筑新竞争优势。大力支持制造业高

端化、智能化、低碳化发展，完善制造业创新体系，加大对企业技术改造的支持，支持绿色清洁生产，推进传统制造业绿色改造，引导整个实体经济向更加清洁、节能和安全的方向发展。更要大力促进网络、信息、生物、新材料等现代科技加快与文化、旅游、物流等服务业的融合渗透，推动服务业向更高质量、更高水平发展（如图1所示）。

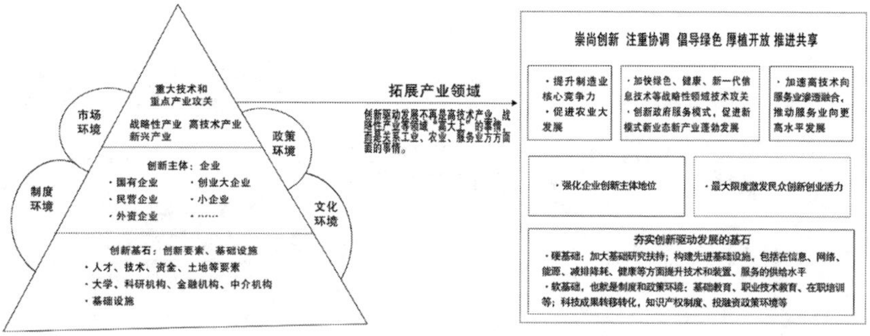

图1　落实新发展理念、推动创新驱动发展，更好适应和引领经济发展新常态的战略任务之一：拓展产业领域

（二）拓展创新主体

即由之前着力突出企业创新主体的地位，向既强调企业创新主体地位，又强调最大限度地激发人民群众的创新活力拓展。要为企业这一创新的发动机持续添油加力，进一步加大对企业研发投入的加计扣除政策的支持力度，引导政府专项资金、社会资本以多种方式支持企业创新；建设企业主导的高水平产学研合作机构，在急需产业化的重大科技产业前沿技术领域，建立主要项目由企业牵头组织承担的攻关团队，形成“企业为主导+科研院所和高校为主力+政府支持+开放合作”的组织模式；引导高端创新人才向企业集聚。进一步激发人民群众的创业创新活力，以“双创周”、创新创业大赛等多种形式，在全社会弘扬创新文化和企业家创新精神；持续推进商事制度、市场准入制度改革，拓宽创业投资退出渠道，为大众创新创业降低制度门槛；支持“双创”基地建设，积极探索可推广可复制的经验，在全国营造“双创”生态（如图2所示）。

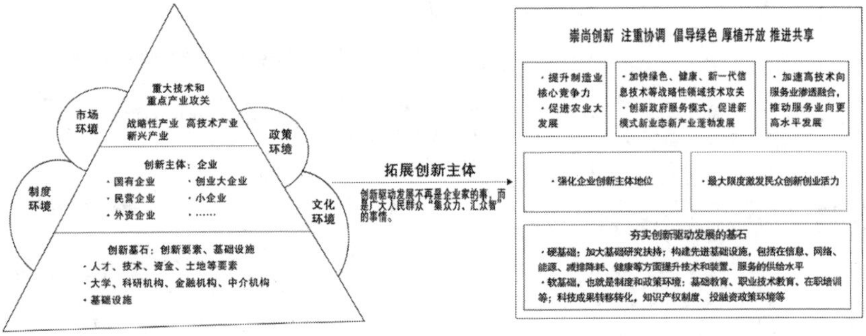

图2 落实新发展理念、推动创新驱动发展，更好适应和引领经济发展新常态的战略任务之二：拓展创新主体

（三）拓展创新基础

即由前期聚焦于创新的科学技术教育基础，向夯实创新驱动发展的“硬”基础和“软”基础双向拓展。强化创新驱动发展的“硬”基础支撑，要加大面向国家战略需求的重大前沿尖端领域技术的攻关力度，大力支持自由探索的基础研究，整合资源建设一批支撑高水平创新的基础设施和平台。同时，加快完善信息基础设施，推进信息资费价格下降，布局建设统一开放的国家大数据中心体系，推进数据资源共享和电子政务重大工程建设。在传统产业领域，加快部署、实施一批重大节能、减排、降耗应用示范项目。加大对基因检测、养老医疗等公共服务产品的投资。夯实创新驱动发展的“软”基础，就是要持续完善有利于贯彻新发展理念、落实创新驱动发展战略的制度环境。要完善人才培养和引进制度，围绕建设高水平人才队伍的目标，深入推动教育改革，加强创业创新教育，改革技术移民制度，改革人才评价机制；围绕建设世界一流大学、学科和科研院所的目标，要加快建立有中国特色的现代大学制度，支持民办大学发展，推进现代科研院所制度建设，形成符合创新规律、体现领域特色、实施分类管理的法人治理结构。强化知识产权保护的长效机制，深化以司法为主导的知识产权保护体制机制改革，加大知识产权行政综合执法力度，探索建立知识产权侵权的惩罚性赔偿制度。持续完善有利于科技成果转化、运营的体制机制和政策环境（如图3所示）。

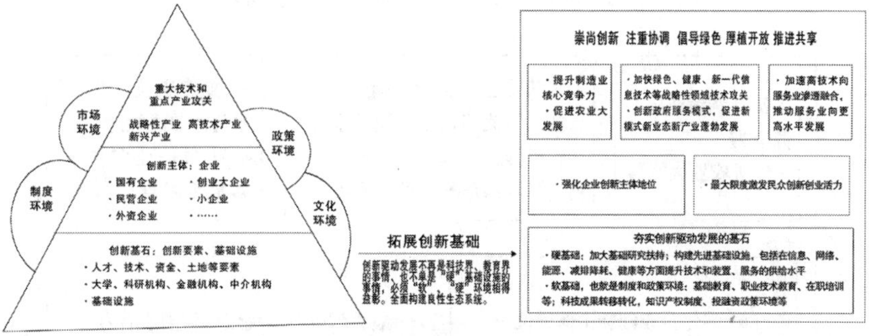

图3　落实新发展理念、推动创新驱动发展，更好适应和引领经济发展新常态的战略任务之三：拓展创新基础

五、重大举措建议

未来一段时期，面向新形势、新条件下创新驱动发展战略任务部署的“三大拓展”方向，结合《关于深化体制机制改革 加快实施创新驱动发展战略的若干意见》《国家创新驱动发展战略纲要》实施情况，进一步深化创新驱动发展的规律性认识，完善有利于创新战略落到实处的顶层设计，建立健全创新驱动发展的考评指标和实施机制。要综合考虑党的十八大以来中共中央国务院实施的系列战略举措推进情况，瞄准重点领域和关键环

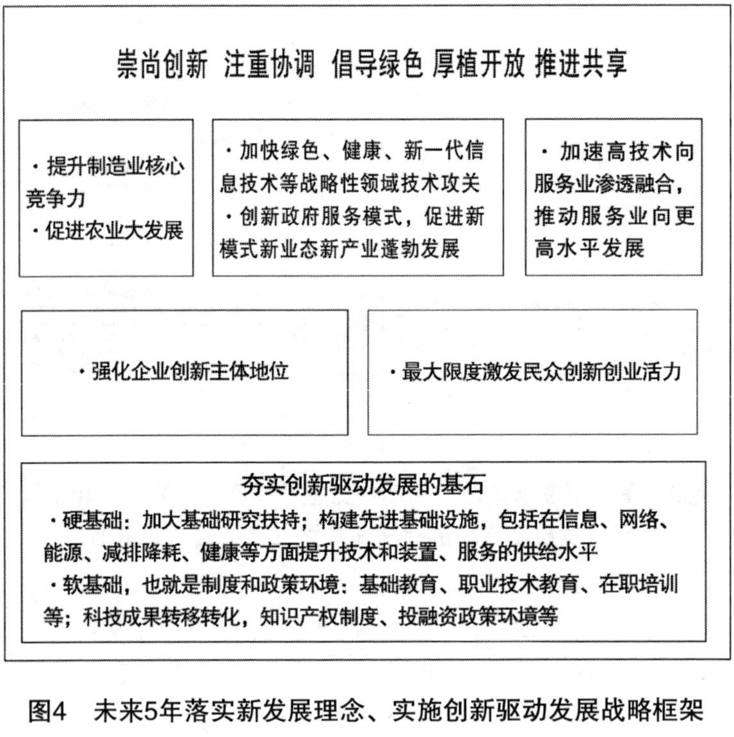

图4 未来5年落实新发展理念、实施创新驱动发展战略框架

节的“掐脖子”问题，组织实施一批重点产业创新发展行动计划、企业创新发展工程。全面考核创新改革试验区、创新试点城市工作情况，加快推进先行先试地区经验推广复制。创新产学研合作模式，布局建设若干新型产业创新中心。强化技术、资金、人才等创新要素支撑，加快构筑有利于创新驱动发展的软硬环境（如图4所示）。

（一）建立健全落实新发展理念、创新驱动发展的考评指标体系和评估实施机制

创新驱动发展是指经济增长主要通过技术进步、劳动者素质提高、商业模式或管理创新等因素推动，而不是依靠资本、劳动等生产要素投入推动。因此，在创新驱动发展的绩效考核指标体系中，要充分借鉴国际经验，强化对全员劳动生产率、全要素生产率、知识产权等体现经济质量、技术先进性等指标的评价。党的十八大以来，“不以GDP论英雄”的认识深入人心。一方面，国家统计局抓紧修订GDP核算和统计方法，将研究与开发支出以及娱乐、文学和艺术品原件支出等作为固定资本形成计入GDP，切实反映研发、智力投入对GDP增长的贡献。另一方面，国家发展改革委、科技部、国家知识产权局等有关部门及中国社科院、国家发展改革委宏观经济研究院、北京大学、中国科协等研究团队先后发布了科技进步贡献率、全要素生产率、创新创业评价指标体系等，北京、上海、广东、江苏、浙江等地区在创新经济考核指标体系方面也开展了大量研究和实践。但总体来看，未形成一套纵向可获、横向可比、在国家及各地方得到公认的创新驱动发展考评指标体系，也没有公认度和影响力堪比GDP的可替代指标，因此地方干部考核、国有企业业绩考核中强调量忽略质、强调安全规避创新风险的情况仍然普遍存在。

基于此，建议从以下三个方面着手。

一是在现行定期公布的国民经济和社会发展统计公报中，强化反映新发展理念贯彻落实、创新驱动经济社会发展情况的各类指标。目前国家统计局发布的年度统计公报中，与落实新发展理念、科技创新情况相关的指标比较丰富、全面，但是反映创新驱动产业转型升级、经济社会可持续发展的指标仍然不够，可考虑增加2～3个相关指标，例如全要素生产率、知识密集型产业增加值占比、创新型企业数量及变化情况等。此外，要加快推动各省（自治区、直辖市）公布的统计公报中尽早纳入上述指标数量及变化情况。

二是加快对地方干部、国有企业等业绩考核指标体系的改革，避免以量、以资产安全和保值增值作为考核业绩的唯一标准，吸纳更多反映创新绩效的指标作为考核标准。

三是鼓励各类第三方独立研究机构、民间智库、企业研究院等发布关于创新驱动发展的综合情况及行业、企业创新情况的指标、指数。充分借鉴美国、欧盟、经济合作组织（OECD）等权威研究机构的相关方法和经验，综合运用统计工具、大数据方法多渠道多维度地反映国家、地区、行业、企业落实新发展理念、推动创新驱动发展的现状、动态、趋势等。

（二）组织实施一批重点领域创新发展行动计划

党的十八大以来，国家、地方有关部门围绕落实创新驱动发展战略、推动传统产业振兴、战略性新兴产业加快发展而出台了大量政策。但总体来看，创新类政策和产业政策之间的协调联动仍然不够，前者偏重于鼓励重大技术研发、科技成果转移转化、知识产权保护、教育改革创新、人才引进培养、鼓励大众创新创业等方面，后者偏重于描述产业发展的重点方向、路径选择、产业集聚区建设、财税金融扶持等。创新驱动产业发展、企业竞争力提升的思路，更多体现在战略性新兴产业、高技术产业、知识密集型产业的相关规划、战略、实施方案和对策措施建议上，而关于依靠创新推动制造业、服务业、农业等传统领域转型发展方面的重大举措则相对缺乏。从主要发达国家的实践来看，创新驱动发展的思路不仅仅体现在高精尖端技术研发和产业方面，更多体现在钢铁、装备、能源、服装、纺织、轻工以及文化、农业等传统产业发展方面，因此美国的钢铁与装备、意大利的服装、日本的农林渔牧等传统产业领域，也可以在产品技术含量及附加值、企业竞争力、品牌享誉度等方面做到国际一流水平，支撑着国家综合创新实力稳居全球前列。

为此，要紧紧围绕《国家创新驱动发展战略纲要》中关于“主要产业进入全球价值链中高端”的战略目标，加快落实“推动产业技术体系创新”的相关任务部署，加快制定实施一批重点产业创新发展行动计划。选择生物医药、新能源、信息技术、汽车、钢铁、石化、轻工、纺织、文化、旅游、农牧等若干行业，制定创新驱动发展专项规划，明确创新驱动发展转型的路线图和时间表，着力解决制约产业创新发展的体制、关键核心技术等问题，制定切实的政策保障措施。还要切实推动国有经济、民营经济、外资经济实现创新驱动转型发展。以体制机制改革全面激发各类所有制主体的创新活力，营造公平竞争的市场环境，化规模优势、市场优势、资源优势为创新优势。发挥高新技术产业园区、国家自主创新示范区、全面创新改革试验区等创新驱动发展先行先试地区的引领和带动作用，加速技术、资金、人才的区域间流动。

（三）加快推进企业创新能力提升工程

尽管理论界已经广泛认同企业最具备创新主体的条件和特征，发达国家的实践也反复印证了这一论断。但是，我国对于创新主体的认识和实践却经历了长期曲折的过程。早在计划经济时期，技术研发创新活动统一由政府有关部门调控完成，具体模式就是国家立项，然后下发到科研机构、高校、企业独立或合作完成，再由国家组织评估验收。伴随市场经济体制改革逐步推进，企业生产经营活动不再由政府直接干预，成为自主经营、自负盈亏的社会经济活动主体，才初步具备了成为创新主体的条件。从企业研发经费支出占全社会研发经费总支出的比重这一指标来看，美国、日本、德国于20世纪80年代初、英国于 90 年代初、法国于 90 年代中期分别进入到以企业为主导的技术创新结构。而我国于2000年前后，企业研发经费支出的占比才达到60%的水平。同期，规模以上工业企业的研发投入强度等指标显著低于发达国家水平，且这一情况延续至今。这说明我国进入21世纪以来，虽然初步形成了以企业为主体的创新体系框架，企业也逐步积蓄了越来越雄厚的技术储备和规模、市场、人才供应等优势条件，但创新能力仍明显不足，不能发挥其作为创新主体对于国家整体创新实力提升的支撑和引领作用。

未来一段时期，提升企业创新实力、强化企业创新主体地位，要从以下三个方面着手。

一是以普惠性政策手段，持续优化企业创新的制度环境。结合目前结构性减税的税制改革方向，进一步加大研发费用加计扣除、研发仪器加速折旧等税收政策执行力度，逐步提高抵扣力度，探索对中小创新型企业研发投入的直接税收补贴，最终将研发税收补贴额度稳定在企业全部研发投入20%的水平。

二是创新模式以吸纳企业参与国家层面的战略性重大技术攻关。建立以需求为导向、由企业牵头、高校和科研机构以提供研发服务方式参与的关键领域产业技术攻关体系。提高企业对国家科技计划、应用导向的科技重大专项方案等决策的参与度。强化国家支持研究开发项目的全项目资金合理性审核，适度放宽承担单位的预算调整权限，增加无形资产和人力资本投资的预算额度。进一步加大国家财政资金对企业创新的分配倾斜。

三是实施创新企业百强工程。突出重点，通过支持企业创新能力建设、引进人才、加强产学研结合等方式，加快培育一批拥有自主知识产权和知名品牌、具有国际影响力的创新型领军企业。争取5~10年时间，使骨干企业真正具备生产一代、研发一代、储备几代的技术创新能力，在若干领域形成颠覆性技术能力；培育一批国际竞争力居世界前列的创新型企业和一大批富有创新活力的中小企业集群。

（四）推动大众创业、万众创新持续健康发展

推动大众创业、万众创新是保障创新驱动发展战略落到实处的重要抓手。中华文明流淌着创新的血液，在延绵5000多年的文明史发展进程中，中华民族创造了举世闻名的科技成果。现今，我国已成为拥有14亿多人口、9亿多劳动力、1.7亿多受过高等教育或具有各种专业技能的人力资源供给大国，如何化人力资源的规模优势为创新人才优势，全面激发根植于广大人民群众血液中的创新活力，是一项重大而紧迫的课题。党的十八大以来，中共中央国务院顺应时代潮流，将创新创业放在经济社会发展更加突出的位置，着力推进大众创业、万众创新，围绕简政放权、商事制度改革、财税金融扶持、公平市场维护、“双创”平台建设、创新创业文化营造等方面出台了一系列支持性政策举措，取得卓越成效。但也要看到，无论是创新还是创业，都不是一蹴而就的过程，都需要付出大量心血，承受高概率的失败。近期，关于刚刚走出“象牙塔”的大学生是否适合创业？新增的大量商事主体是否处于“休眠”状态、死亡率又有多高？科研人员下海创业是否还应该保留职位等问题，社会上也有一些质疑和争论。

新的形势和条件下，推动大众创业、万众创新持续健康发展，要从以

下四个方面做足功夫。

一是明确“双创”的“主攻部队”。顺应新一波创业浪潮呈现技术融合、主体多元的新特征，及时把握科研人员、海外归来人才、大学生、返乡农民等“新四军”以及大中型企业、中小微企业等在创新创业过程中遇到的问题和制约，抓住重点、分类施策。

二是明晰未来一段时期“双创”的“主攻方向”。准确把握新一轮科技革命和产业变革的发展趋势，厘清近中短期最有可能实现商业化、带来行业格局颠覆性变化的突破口和重点方向，积极引导各方力量向孕育商业潜力的方向聚焦。

三是抓紧落实系列重大任务部署。持续完善、落实前期系列任务部署和政策措施，进一步推进商事制度、市场准入制度改革，拓宽创业投资退出渠道，完善政策扶持体系，支持创业平台建设。

四是全面营造激发创新创业的生态环境。进一步加强“全国大众创业、万众创新活动周”的力度，在全社会大力弘扬创新和企业家精神。要采取奖励、举办创业大赛等措施，进一步激活人民群众的创业创新基因。支持“双创”示范基地建设，引导各地建设各具特色的创业创新生态环境体系。

（五）加大重大技术攻关，着力构建先进基础设施等硬环境

新常态背景下，落实新发展理念，推动实施创新驱动发展战略，迫切需要形成与我国经济人口大国地位相称的科技实力和国际一流的基础设施配套支撑。改革开放以来，尽管我国整体科技实力大幅提升，在若干重要领域取得系列重大技术突破，但总体来看，仍然处于爬坡过坎的发展阶段，与国际前列的科技大国以及个别领域专精特的科技强国相比，仍有较大差距。受制于现实国情和所处发展阶段，科技成果面向公众的普及程

度、惠及社会民生生态的可持续发展方面也远落后于创新强国水平。以《2016年全球创新指数》排名为例，尽管我国已跻身全球创新25强序列，但创新基础设施水平等指标排名严重落后："信息通信技术"的综合指标排名为第53位，其中子指标"ICT普及率""ICT利用率""政府网络服务""电子参与"的排名分别为第75位、第63位、第47位、第33位；基于互联网与机器学习、网络游戏、应用软件开发水平比较低，"网络创意"的综合指标排名仅为第92位，其中子指标"通用顶级域""国家代码顶级域""维基百科每月编辑次数"的排名分别为第74位、第50位、第104位；基于生态环境的瓶颈制约日益严峻，"生态可持续性"的综合指标排名为第76位，其中子指标"GDP/能耗单位""环境表现"的世界排名仅分别为第102位和第92位。

未来一段时期，要面向科技前沿领域、战略性领域以及掣肘产业转型升级的关键节点，集中资源推动重大核心关键技术突破。要在整合现有国家重大科技专项、国家重大科技项目和工程的基础上，进一步突出重点，完善实施机制，研究制定"国家重大技术清单"，明确发展路线图、时间表和相应的技术经济政策支持措施。要创新国家重大技术发展项目组织实施的机制和模式，对近期需要实现产业化的重大技术，具体实施中由企业牵头组织承担，集中力量打"歼灭战"。对需要长周期持续投入的前沿重大技术研究，可考虑以新的机制和模式组建若干国家级研究中心、产业创新中心，把不同专业的相关科学家、技术专家集聚起来，下决心打"持久战"，实现集成创新和协同创新。建立健全有效解决重大技术发展争议的评估和决策机制，加强技术标准和相关法律法规的制定工作，制定针对性、操作性和突破性更强的经济政策。

着力构建国际一流的创新基础设施，大力促进科技成果惠及经济社会民生福祉。

一是加快信息、健康、能源、环境等重大基础设施建设。推动落实“宽带中国”战略和《信息基础设施重大工程建设三年行动方案》。大力推进信息等重大网络工程建设，引入合理竞争机制以推动信息消费价格下降。布局建设统一开放的国家大数据中心体系、国家基因库、能源与环境研发及检验检测中心等，推进数据资源共享、电子政务、健康、能源、环境等重大工程建设。

二是加强科技基础设施和创新载体建设。统筹科研基地、科技资源共享服务平台和科研条件保障能力建设，加大对基础前沿科学研究和大科学装置建设的支持力度，推动重大科技基础设施开放共享。加快建设综合性国家科学中心，优化整合国家工程中心、工程实验室，加快建设关键领域的产业创新中心。在北京、上海、武汉、广州、深圳、西安等重要城市建设一批面向基础前沿领域的科技基础设施平台。加快建设网络化服务平台等新型协同创新平台。

三是鼓励科技基础设施、创新载体、大型互联网平台企业向社会开放创新创业平台、计算存储设施和数据资源，提供技术研发、标准和产品服务质量检验检测，支持高技术服务业、知识密集型服务业发展。

（六）打造汇聚人才、知识、资金等创新要素的政策环境和体制机制生态

创新的本质是技术的商业化应用，这一过程既需要人的智慧、创造力，也需要源源不断的知识供给、高风险的资本投入支持，其间充满未知和不确定性，急迫需要稳定的政策支持和良好的体制机制生态。

当前，我国正处于经济社会发展由要素驱动、投资驱动向创新驱动转型的关键时期，创新政策的核心目标几经演进，由前期重视引进消化吸收再创新、科技成果转移转化，到建设创新型国家、全面提升科技创新实

力，再到党的十八大以来提出创新驱动发展战略，让创新成为经济社会发展的第一动力；政策手段方面，由前期带有计划经济特征的“定点”扶持方式，逐步向后奖励性质的、普适性、惠及更多群体的扶持方式上转变。

在贯彻落实新发展理念、实施创新驱动发展战略的过程中，政府与市场的定位日益清晰，职责分工更加明确，除在一些关系国家安全、国计民生、可持续发展的前沿领域、战略性领域之外，政府越来越倾向于“后退一步，站高一步”，专心打造有利于创新要素汇聚的政策环境和体制机制生态。

未来5~10年，围绕打造创新软环境目标，要根据创新要素的特点和规律，继续做好三个方面的环境建设。

一是建设汇聚更多创新人才的教育和用人环境。以素质教育弥补应试教育弊端，持续完善职业教育体系，打造创新型科技人才培养模式。面向国际上争夺创新型人才日趋激烈的竞争态势，结合世界一流大学和一流学科建设，完善留学生培养支持机制，探索试行技术移民。着力解决个税抵扣、网络搜索限制等海外创新型人才所普遍关切的问题，吸引人才跨境流动。

二是建设有利于更多科技成果实现商业价值的知识产权保护和转化环境。大幅度提高知识产权权利人的胜诉率、判赔额，切实加强知识产权行政执法及“两法”衔接，建立知识产权互联网和移动互联网联网查询平台，加快知识产权服务市场化、社会化和专业化发展。进一步贯彻落实新修订的《科技成果转化法》。

三是建设吸引更多资金支持创新的投融资政策和制度环境。完善财政资金补贴创新的方式手段，发挥政府引导资金的示范和撬动作用。针对商业银行、政策性银行支持创新中遇到的抵押物不足、回报周期长、不良资产率高等问题，积极引入担保公司等第三方机构，以投贷联动、政府联合金融机构风险担保等多种方式，引导政策性金融机构向早期投资、风险投资倾斜。加快推进注册制改革，建立多层次资本市场，拓宽投资退出渠道。

（执笔人：姜江）

参考文献

1. 中共中央文献研究室. 习近平关于科技创新论书摘编［M］. 北京：中央文献出版社，2016.

2. 中共中央文献研究室. 习近平总书记重要讲话文章选编［M］. 北京：中央文献出版社、党建读物出版社，2016.

3. 中共中央宣传部. 习近平总书记系列重要讲话读本（2016年版）［M］. 北京：学习出版社、人民出版社，2016.

4. 中华人民共和国国家统计局. 2016中国统计年鉴［M］. 北京：中国统计出版社，2016.

5. 国家发展和改革委员会. 2015年中国大众创业万众创新发展报告［M］. 北京：人民出版社，2016.

6. 万钢. 2016年我国科技进步贡献率增至56.2% 新动能成长速度和作用超过预期［N］. 新华社，2017-1-10.

7. 刘延东. 实施创新驱动发展，建世界科技强国［J］. 求是，2016（2）.

8. 郑寰. 当前创新驱动发展中的六大误区［N］. 学习时报，2017-1-29.

9. 姜江，韩祺. "十三五"时期我国创新驱动发展的思路与任务［J］. 全球化，2016（9）：50-63.

10. 王昌林. 进一步理清实施创新驱动发展战略的思路［J］. 全球化，2014（11）：29-36.

11. 王海源，等. 创新主体研究：整合的观点及中国的实践［J］. 科学管理研究，2004（6）.

12. （美）约瑟夫·熊彼特. 经济发展理论［M］. 北京：商务印书馆，1990.

13. （美）彼德.德鲁克. 创新与企业家精神［M］. 上海：上海人民出版社，2002.

14. 姜江，邱灵. 客观看待我国首次跻身全球创新25强［J］. 调查研究建议，2016（95）.

15. European Commission, *Innovation Union Scoreboard* 2015.

16. INSEAD，WIPO，The Global Innovation Index 2016: *the Local Dynamics of Innovation*.

17. National Science Foundation. *2016 National Science Board Science & Engineering Indicators[R]*.

专题报告

ZHUANTI BAOGAO

专题报告一

农业落实新发展理念、推动实施创新驱动发展战略的成绩、问题和对策研究

内容提要：党的十八大以来，在党和政府以及各类农业经营主体的共同努力下，农业领域落实五大发展理念、推动实施创新驱动发展战略取得了显著成效，在产权制度、科技研发、新型业态等农业创新驱动发展方面实现了多点突破，农业产品结构、区域布局和三次产业关系更趋协调，绿色农业持续扎实推进，农业开放迈入新阶段，扶贫攻坚和利益联结极大地推进了农业共享发展。但是，农业关键制度、创新体制改革仍有待深化，农业供给侧结构性矛盾依然突出，农业资源环境约束日益加剧，长效增收任务十分艰巨。为此，需要坚持农业供给侧结构性改革方向，正确处理好政府与市场、短期和长期、农民和土地、供给和需求这四大关系，改革完善农业制度、科研体制和技术推广体系，调整优化农产品和产业结构，持续改善农业生态环境，稳步推进农业双向开放，尽快补齐低收入群体发展关键短板，实现我国农业发展由过度依赖资源环境消耗、主要满足量的需求向追求可持续创新驱动发展、更加注重满足质的需求转变。

"创新、协调、绿色、开放、共享"五大发展新理念，是"十三五"乃至更长一段时期我国经济社会发展的总体思路和方向，也是新时期农业发展的灵魂和主线。党的十八大以来，我国农业在落实新发展理念，推动实施创新驱动发展战略方面取得了一系列令人瞩目的成绩，但也面临一些不容忽视的问题与挑战，必须精准施策、真抓落实，开创农业现代化发展的新局面。

一、党的十八大以来农业落实五大发展理念成绩斐然

党的十八大以来，面对国内经济增速放缓、世界经济复苏乏力的严峻形势，在国家各项支农惠农政策扶持下，各级政府积极践行新发展理念，在农业制度与科技创新、产品产业协调、农业资源保护和污染防治、农业对外开放、扶贫开发等方面取得了实质性进展，推动了农业现代化进程。

（一）农业创新发展实现多点突破

1. 农村产权制度创新全面启动

改革开放的历史经验证明，农村产权制度创新不仅可以极大地解放和发展农村生产力，还能为农业其他领域的创新创造基础。近年来，中央从战略的高度，开启了一轮农村集体产权制度改革浪潮，相继发布了多个重大改革文件。

一是2016年底发布了农村产权制度改革的纲领性文件——《中共中央国务院关于稳步推进农村集体产权制度改革的意见》，提出"以明晰农村集体产权归属、维护农村集体经济组织成员权利为目的，以推进集体经营性资产改革为重点任务，以发展股份合作等多种形式的合作与联合为导向，探索集体经济新的实现形式和运行机制"，为农村产权制度改革指明方向、路径和目标。

二是开展了多层次的农村产权制度改革试点（参见表1–1所示），在农村土地、农村房屋、林权和农村基础设施产权、农村集体资产股份制等领域积累了先行经验。

三是在农村产权的若干具体领域不断推进制度创新。2014年，中共中央办公厅、国务院办公厅印发了《关于引导农村土地经营权有序流转发展农业适度规模经营的意见》，加快了全国农村土地经营权的流转步伐。截至2016年底，全国土地承包经营权确权面积8.5亿亩，家庭承包耕地流转面积4.8亿亩，占家庭承包经营耕地面积的35.1%，比2012年提高了13.9个百分点；2015年，中共中央办公厅、国务院办公厅联合印发了《关于农村土地征收、集体经营性建设用地入市、宅基地制度改革试点工作的意见》，全国人大常委会授权国务院在33个试点县（市、区）暂时调整实施《土地管理法》《城市房地产管理法》中关于农村土地征收、集体经营性建设用地入市、宅基地管理制度的有关规定，推动农村集体建设用地（含宅基地）改革进入试点阶段。截至2017年3月，全国33个试点地区集体经营性建设用地入市地块共计278宗，总价款约50亿元人民币，试点县（市、区）初步建立起了城乡统一的建设用地市场。2016年，中共中央办公厅、国务院办公厅印发了《关于完善农村土地所有权承包权经营权分置办法的意见》，实行农村土地三权分置，开创了家庭联产承包责任制后农村改革的又一重大制度创新。

表1–1　近年来我国农村集体产权制度改革试点情况

层级	时间	试点区域
中央	2017年	选择基础较好的100个县开展农村产权制度改革试点
省级	2012年	贵州省发布《关于开展农村产权制度改革试点工作的意见》，选择了8个县区开展试点

（续表）

层级	时间	试点区域
省级	2014年	湖南省发布《关于开展农村集体产权制度改革试点工作的通知》，选择了5个省级试点村，要求各市州选择1～2个村，各县市区选择1个村进行试点
	2014年	江西省发布《关于开展农村集体经济组织产权制度改革试点的指导意见》，每个设区市都要选择1个以上的村（组）开展试点
	2017年	黑龙江省颁布《关于稳步推进农村集体产权制度改革的实施意见》，2017年全省每个县（市区）至少选择1个有净资产且经营性资产较大的村开展试点

资料来源：根据网络资料整理。

2. 农业科技创新稳步推进

“十二五”以来，特别是党的十八大以来我国农业科技创新取得了一系列成就，农业科技进步贡献率提高了4个百分点，达到56.65%，在农业机械、种业和科技创新服务领域取得了积极成效。

一是农机科技创新更加系列化、智能化。我国大中型拖拉机、联合收获机、插秧机保有量快速增加，2016年主要农作物耕种收综合机械化水平达到65.2%，比2012年提高了8个百分点，高性能机具占比持续提高，高效、精准、节能型装备研发制造取得重大突破，农机产品由耕种收环节为主向产前产中产后全环节加快拓展。2016年以来，以强化自主创新、提升装备性能、拓展空缺领域为主要目标的智能农机装备重点专项项目陆续开展（王佳傲，2017）。

二是种业研发应用取得新突破。当前我国农业新品种保护年度申请量创历史新高，截至2016年底，我国农业植物新品种总申请量超过1.8万件，总授权量超过8000件，年申请量位居国际植物新品种保护联盟成员国第一位。国内品种市场份额持续上升，水稻、小麦、大豆、油菜全部为自主选育品种，转基因抗虫棉品种的国产化率达到95%以上，蔬菜自主选育品种占87%以上，玉米自主选育品种占85%以上（第一农经网，2016）。种业创新从主要依赖经验的常规育种开始迈向以大数据和分子育种技术为支撑的现代育种时代。我国农业生产用种已全部实现更新换代，农作物良种覆盖率稳定在96%以上。

三是农业科技创新服务体系不断完善。2014年底，国家农业科技创新联盟在北京成立，作为国家级、省级和地市级三级农（牧）业、农垦科学院共同参与的全国科技创新协作平台，建立了产学研推紧密结合的创新组织模式，形成了政府、企业、科研院所合力攻关农业关键技术瓶颈的局面。2015年7月，全国农业科技成果转移服务中心正式启动运行，优化整合了现有农业科技成果产权交易平台资源，当年就实现交易64项，金额6091万元（中国农机网，2016）。

3. 农业新业态蓬勃发展

随着新技术和新型商业模式在农业领域的渗透，在国家规划引领、电子商务进农村、农村基础设施补贴、农业物联网试验示范等政策的扶持下，以涉农电商、乡村旅游、智慧农业等为代表的农业新业态进入黄金发展期。

一是涉农电商交易额屡创新高。2016年，我国农村网络零售额8945.4亿元，约占全国网络零售额的17.4%，农村网商达811万家，带动就业超过2000万人。其中，农产品电商交易额达到2200亿元，生鲜电商交易额突破900亿元，同比增长80%。以“淘宝村”为代表的农村电商群落更是迅猛发展。2015年全国“淘宝村”780个，同比增长268%；截至2016年8月，全国“淘宝村”又增加至1311个，“淘宝镇”达到135个，至少创造了84万个就业岗位。

二是乡村旅游呈现爆发式发展态势。近年来，我国旅游市场进入大众消费时代，城乡居民的闲暇需求与日俱增，消费观念也发生了转变，乡村旅游逐渐成为一种时尚休闲活动，并成长为中国旅游业的重要支撑。2013—2015年乡村旅游以年均43%的增长速度实现了井喷式增长（冯翠、代晓松，2017），2016年休闲农业和乡村旅游经营收入4800亿元，年接待游客超过24亿人次，从业人员达到850万人。

三是智慧农业雏形显现。随着物联网技术的逐渐成熟和成本的持续下降，在农业生产领域的应用不断加快。2013年，农业部率先在天津、安徽、上海开展了农业物联网试验示范。在设施农业上，温室环境自动监测与控制、水肥药智能管理等加快推广应用。随后，大田物联网试验示范从安徽省扩展到了全国8个省份，截至2016年底，共推介了426项技术、产品和应用模式，遥感监测、农机精准作业等开始大面积应用。农业管理信息化水平不断提高，建成国家农业数据中心、国家农业科技数据分中心及32个省级农业数据中心，开通运行33个行业应用系统，覆盖农业行业统计监测、监管评估等重要业务。农业信息服务全面升级，截至2016年底，信息进村入户试点范围已扩大到26个省份116个县，益农信息社已覆盖2.4万个行政村，开展便民服务1.1亿人次（余瑶，2016）。

（二）农业协调发展取得重大进展

1. 产品结构趋于优化

为应对居民消费升级、国内外价格倒挂、财政负担沉重等严峻的现实挑战，我国农业支持政策从过度追求产量向重视产品种类和质量转变，农产品结构越来越朝着适应市场需求的方向改进。

一是调减了玉米等供大于求的农产品种植面积。2016年，国家在玉米等粮食领域率先进行了收储制度改革，将在东北地区实行了8年的临时收储政策调整为“市场化收购+补贴”的新机制，玉米的政策性收储让位于市场收购，激活了市场主体、降低了玉米价格。随着“镰刀弯”地区玉米调减政策的实施，合力推动了玉米种植结构调整。2016年玉米播种面积比上年减少2039万亩，同比下降3.6%，推动玉米产量下降522.4万吨，缓解了玉米产大于需的不平衡格局。

二是增加了大豆、绿色有机等供给不足的农产品供应。在各级政府的种植结构调整政策引导下，2016年我国大豆播种面积恢复至1.08亿亩，同比增长10.7%，扭转了国产大豆供需缺口不断扩大的趋势。2017年3月，国家将大豆目标价格政策调整为“市场化收购+补贴”的新机制，与玉米政策合并实施，进一步提高了大豆的支持力度，推动大豆意向种植面积同比增长8.1%（郭同欣，2017）。截至“十二五”末，我国“三品一标”（无公害、绿色、有机和地理标志）产品总数达到10.7万个，比“十一五”末提高37.7%，产品产量、生产面积、获证主体数量等方面均有大幅增长（高文，2016）。

2. 区域布局渐趋合理

党的十八大以来，我国大宗农产品和特色农产品日益向优势产区集聚，“大而全、小而全”的生产格局被进一步打破，推进了农业的区域化、专业化发展，优势农产品的区域化生产格局基本形成。2016年，全国水稻播种面积前10个省份的面积占全国的比重达80.4%，比2012年提高了0.5个百分点；黄淮海、西北、西南和长江中游小麦优势区播种面积前10个省份的面积占全国的比重达88.8%，比2012年提高了1.8个百分点；东北、黄淮海、西南三个玉米优势区播种面积前10个省份的面积占全国的比重达77.8%，比2012年提高了0.2个百分点。

经济作物优势区域在全国的地位更是进一步凸显，2016年新疆地区的棉花种植面积占比高达54.0%，比2012年提高了17.3个百分点；四川省的麻类种植面积占比达33.2%，比2012年提高了0.9个百分点。

养殖业优势区域巩固发展，2016年，四川、河南、湖南、山东、湖北等5个省份的生猪出栏量占全国的比重达到40.5%，比2012年提高了1个百分点。内蒙古、新疆、山东3个省份的羊存栏量占全国的比重达到38.6%，比2012年提高了0.7个百分点。

沿海优势海水产品养殖带、长江中下游优势淡水产品养殖区布局趋于稳定。

3. 三次产业融合发展成效显著

2015年底，国务院办公厅印发《关于推进农村一二三产业融合发展的指导意见》，加快了农村一二三产业融合发展的进程。各地积极探索农村产业融合发展的路径和模式。

农业内部融合方面，种养循环农业快速发展，与“粮改饲”试点相结合，合力推动农业种植养殖结构进一步优化。

产业链延伸方面，通过发展农产品加工业和流通产业，提升了农业附加值和竞争力，2016年全国规模以上农产品加工业主营业务收入达到20.3万亿元，农产品加工业与农业总产值之比达到2.2∶1。

农业多功能拓展方面，“农业+旅游”“农业+文化”“农业+健康养老”等新兴产业发展迅猛，农业的生态、文化、旅游等功能得到进一步挖掘。

以新型农业经营主体为代表的产业融合主体大批涌现。截至2017年2月，全国耕地经营面积在50亩以上的农户达到356万户；家庭农场87.7万个，经营耕地达到1.76亿亩；农民合作社达177万家，入社成员超过1亿户，统一经营面积超过1.1亿亩；各类农业产业化经营组织达到38.6万个，龙头企业12.9万家（杜鹰，2017）。

（三）农业绿色发展持续扎实推进

1. 实施了一系列农业资源保护重大工程

近年来，中共中央、国务院高度重视农业资源保护建设，不断加大投入力度，实施了一系列重大工程，取得积极进展。

一是扎实推进高标准农田建设。年度中央补助投资规模逐年增加，2015年达到700多亿元，“十二五”时期各地累计建成高标准农田4亿多亩，项目区农田生产条件明显改善，农田抗灾减灾能力显著增强，形成了一批田成方、渠相连、旱能灌、涝能排的粮食生产基地。

二是实施土壤有机质提升补助项目。从2012年开始，中央财政每年安排专项资金8亿元，鼓励和支持农民应用土壤改良、地力培肥技术，促进秸秆等有机肥资源转化利用。2016年，全国有机肥施用面积3.8亿亩，秸秆还田面积8亿多亩，主要农作物秸秆综合利用率达到82%，区域农业基础条件和耕地质量得到有效改善。

三是加快节水农业发展。实行“以水定产”，5年来全国新增高效节水灌溉面积1亿亩，高效节水灌溉面积超过3亿亩，水资源利用效率明显提高，2016年农田灌溉水利用系数提高至0.52，农业灌溉用水总量实现零增长。

四是全面建立草原生态保护补助奖励机制。2012年，中央财政安排草原生态保护补助奖励政策资金150亿元，把全国13个省份的所有牧区半牧区的县（区）全部纳入政策实施范围内，是新中国成立以来在我国草原牧区实施的投入规模最大、覆盖面最广、牧民受益最多的一项政策。2016年，草原综合植被盖度为54.6%，比2012年提高了0.8个百分点，天然草原鲜草总产量连续6年超过10亿吨，草原生态持续恶化的势头得到了初步遏制。

2. 农业污染防控和生态治理成效显现

近年来，面对农业面源污染、土壤重金属污染等严峻的农业生态问题，各级政府采取了一系列针对性措施，成效初步显现。

一是化肥用量增长的势头得到遏制。2012年，中央财政安排测土配方施肥专项资金7亿元，加快测土配方施肥技术推广普及，扩大配方肥推广应用，推进科学施肥技术进村入户到田。2013年，发布《全国测土配方施肥补贴项目实施指导意见》，全面推进农民“按方施肥”。2016年，全国测土配方施肥技术推广应用面积近16亿亩次，化肥用量稳中趋降，河北、黑龙江、浙江、四川等省份实现了化肥使用量零增长。全国农用化肥自改革开放以来首次接近零增长（韩长赋，2017）。

二是农药减量控害取得积极进展。截至2016年底，全国共创建农作物病虫害专业化统防统治与绿色防控融合推进示范基地600个，带动农企共建农药减量控害、新农药新药械等示范基地6900多个，推动我国主要农作物病虫害绿色防控覆盖率达到25.2%（张桃林，2017），全国农药施用量保持零增长。

三是畜禽养殖污染得到有效控制。从2014年起，在全国施行《畜禽规模养殖污染防治条例》，以法律形式确保严格的畜禽规模养殖污染防治措施得到贯彻执行，并选择100个畜牧大县整县开展试点，出台规模养殖场废弃物强制性资源化处理制度，实施大规模养殖布局调整。截至2016年底，全国畜禽养殖粪污资源化利用率接近60%。同时，推进畜禽标准化规模养殖场（小区）建设。

四是重金属污染耕地修复综合治理落地实施。从2014年开始，率先在湖南长株潭地区开展试点，中央财政安排专项资金对试点地区给予补助，截至2015年底湖南重金属污染耕地修复与种植结构调整试点区达到170万亩。

五是新一轮退耕还林还草工程启动。2014年，国务院批准实施《新一轮退耕还林还草总体方案》，2014年500万亩退耕还林还草任务如期完成，截至2016年6月底，2015年退耕还林还草任务已落实地块830万亩，完成造林742万亩（袁雪莲，2016）。

（四）农业开放发展迈入新的阶段

1. 农产品贸易结构不断优化

在国际经济复苏缓慢的不利背景下，近年来我国农产品出口依然保持了稳步上升势头。2016年农产品出口额达729.9亿美元，创历史新高，比2012年增长了15.3%。与此相对，农产品进口额高位回落，2016年仅为1115.7亿美元，比2012年下降了0.8%。受此影响，2013年以来农产品贸易逆差连续下降，逆差规模继2015年低于500亿美元后，2016年进一步缩小至377.2亿美元，比2012年下降了21.6%。从具体产品来看，谷物和大豆进口快速增长的势头受到了控制。2016年谷物进口量为2199.7万吨，同比下降32.8%，结束了长期两位数的增长势头，大豆进口量为8391.3万吨，虽然再创新高，但同比增速仅为2.7%，是近年来的最低水平。同时，棉花、食糖等农产品进口量明显下降，蔬菜等优势农产品出口保持增长势头（参见表1–2所示）。

表1–2　近年来农产品进出口情况

年份	农产品进出口总额（亿美元）	出口额（亿美元）	进口额（亿美元）	贸易逆差（亿美元）	棉花进口量（万吨）	食糖进口量（万吨）	蔬菜净出口额（亿美元）
2012	1757.7	632.9	1124.8	491.9	540	375	95.9
2013	1866.9	678.3	1188.7	510.4	450	454.6	111.6
2014	1945	719.6	1225.4	505.8	266.9	348.6	119.9
2015	1875.6	706.8	1168.8	462	175.9	484.6	127.3
2016	1845.6	729.9	1115.7	385.8	124	306.2	141.9

数据来源：农业部。

2. 多边农业开放取得积极进展

为加快农业国际化步伐，建立了农业对外合作部际联席会议制度，相继发布了农业对外合作意见、农业对外合作规划和《共同推进“一带一路”建设农业合作的愿景与行动》。截至2017年5月，我国已经与22个国家和地区签署并实施了自贸协定，涉及“一带一路”沿线国家11个，自由贸易协定极大地推动了中国农业向纵深开放。以2015年签署并生效的中韩和中澳自贸协定为例。韩国对中国农产品最终实现零关税的税目和进口额比例分别为70%和40%，同时给予部分农产品国别配额、对少数农产品关税进行不到零的部分削减；中国对韩国农产品最终实现零关税的税目和进口额比例分别为93%和56%。澳大利亚最终对中国全部农产品税目实现零关税；中国最终对澳方农产品税目的94.1%和进口额的70%实现零关税（农业部农产品贸易办公室、农业部农业贸易促进中心，2016）。2017年，中美两国“百日经贸计划”也取得一系列重大进展，中国同意在符合国际标准的情况下，开放2003年之后由于疯牛病疫情而遭到禁止的美国牛肉进口，美方也将出台相关法规，允许中国熟制禽肉进入美国市场。

3. 农业“走出去”向广度和深度推进

通过“走出去”，充分利用“两个市场、两种资源”，我国农业国际交流与合作不断发展，农业对外投资合作呈现全方位、宽领域、多层次的格局。截至2016年底，农业对外投资存量超过1800亿元，在全球100多个国家和地区设立农林牧渔类境外企业1300多家，已由早先设立贸易公司或代表机构，主要从事贸易促进为主，向建立生产、加工、仓储、物流全产业链转变，业务范围扩大至种植、林业、畜牧、渔业和相关服务业等各个行业。从投资主体看，大中型企业依然是农业对外投资的中坚力量，但一批中小民营企业逐渐成为我国农业对外投资的新生力量。同时，我国还不断加强对发展中国家的农业技术援助。截至2016年5月底，我国已启动23个“南南合作”项目，向非洲、亚洲、南太平洋、加勒比海等地区的26个国家派遣了1040名农业专家和技术员（冯华，2016）。

（五）农业共享发展开创新的局面

1. 农村扶贫攻坚成效显著

中共中央、国务院近年来高度重视扶贫工作，把扶贫开发工作纳入“四个全面”战略布局，2013年习近平总书记在湖南湘西考察时首次提出“精准扶贫”，进一步推动了扶贫工作。2014年，在全国完成了12.8万个贫困村、2949万贫困户、8962万贫困人口的信息采集录入工作，实现了全国扶贫对象的集中管理。2015—2016年，开展建档立卡“回头看”，扶贫识别的精准度进一步提高，各地共向贫困村选派驻村工作队12.8万个，派出驻村干部54万人。扶贫方式不断创新，在428个贫困县开展电商扶贫试点，将261个扶贫县列为电子商务进农村综合示范县。旅游扶贫覆盖到2.26万个贫困村（章正、李晨赫，2017）。经过各级政府的努力，我国农村贫困人口大幅减少。按照现行标准计算，“十二五”期间，我国农村贫困人口由1.22亿人减少到5575万人，7000多万贫困人口实现脱贫（陈婧，2016），2016年全国农村贫困人口进一步减少1240万人，超额完成1000万人的目标任务（章正、李晨赫，2017）。

2. 利益联结机制不断完善

在农村一二三产业融合发展的推动下，以工辅农、以城带乡的格局逐渐形成，各类农业产业化组织与农户之间的利益联结机制趋于完善，推动了农业共享发展。目前，全国形成了“公司+合作社+农户”“公司+基地+农民”等产业组织方式，发展出最低收购价、“订单+股份合作”、

“农民入股+保底分红”、利润二次返还等多种紧密型的利益联结形式，有效带动了农民增收。截至2017年2月，全国各类农业产业化经营组织辐射带动1.2亿农户发展生产，户均增收3300多元。据农业部统计，为入社成员提供产加销一体化服务的农民合作社已占合作社总数的52.9%（杜鹰，2017）。

二、农业落实新发展理念、推动实施创新驱动发展战略面临的主要问题与挑战

随着我国居民消费结构升级、农业对外开放向纵深推进，农业发展面临的资源环境约束日益增强，我国农业落实新发展理念，推动实施创新驱动发展战略面临诸多内外因素挑战。

（一）农业制度改革有待深入，创新驱动能力不足

党的十八大以来，虽然我国农业科技和制度创新取得了显著进步，但与农业现代化和供给侧结构性改革的要求仍有较大距离。

一是关键制度创新有待深化。受各方利益掣肘和改革尚未形成最终共识，农村土地制度方面的法律法规严重滞后，农村土地集体所有制下，保证土地承包权退出、经营权流转的市场机制仍不成熟，农村宅基地制度改革仅限于小范围、窄领域，关键环节缺乏实质性突破。农村集体经济停滞不前，集体资产股份制改革推进缓慢。2016年，全国58万个行政村中有集体经济收入的只占一半，其中年收入在3万～5万元的占1/3。同时，农产品价格支持、农业补贴等农业支持制度仍需完善，突出表现为一些临时措施常态化、弹性措施刚性化，干扰了市场信号的正常发挥，财政负担沉重，农业补贴分散化，资金使用效率不高，特定产品的补贴已接近或突

破黄箱[1]上限，面临日益增多的贸易纠纷风险。

二是自主创新能力不强。我国农业领域各主体的创新意识薄弱，产学研互动机制不畅。公共研究机构占据研发主体的现实，决定了国内农业科技创新偏向理论研究，相关专利申请数量虽然逐年上升，但低水平重复研究多，具有重大应用价值的研究少，专利维持率和转让率较低。本应处于创新主体的企业实力弱、研发投入少，人才缺乏。知识产权保护、科研成果交易、风险投资等关键环节滞后，也极大地制约了农业创新成果的扩散和应用效率。以种子企业为例，全国虽然有多达近9000家持证种子经营企业，但95%以上的种子企业仍停留在传统育种阶段。

三是农业科技推广体系落后。虽然我国建立了省、市、县、乡（镇）各级农技推广机构，但基层机构普遍存在缺人员、缺资金、缺设备等突出问题，大量农业技术培训流于形式，社会力量参与农技推广服务不足。

（二）农业供需不协调，供给侧结构性矛盾突出

2004年以来，我国粮食实现了“十二连增”的历史纪录，确保了人民群众“吃得饱”，但是随着居民收入和生活水平的提高，农产品消费需求快速升级，过于强调数量增长的农业供给模式越来越难以适应需求变化，引发了一系列供需错配问题，我国农业的主要矛盾已经由总量不足转变为结构性矛盾。

一是农产品供给结构严重失衡。近年来，受居民消费升级和工业需求增长放缓影响，稻谷、小麦、玉米的消费需求增速趋于下降，2010年以来三大主粮的消费量增长不足6%，但同期三大主粮的产量增长15%以上，造

[1] 根据《乌拉圭回合农业协议》，将那些对生产和贸易产生扭曲作用的政策称为“黄箱”政策措施，要求成员方必须进行削减。“黄箱”政策措施主要包括价格补贴、营销贷款、面积补贴、牲畜数量补贴，以及种子、肥料、灌溉等投入补贴，部分有补贴的贷款项目。

成三大主粮的期末库存逐年上升，截至2016年底，稻谷库存量已超过1亿吨，小麦库存量接近1亿吨，玉米库存量更是超过2.5亿吨，成为阶段性供大于求的主要粮食品种。由于现有粮食库存大多数为政策性库存，国家财政每年除了需要支付高额的保管费、贷款利息，还要承担巨大的进出库价差风险、降质损失和新扩建仓库支出。与此相对，国产大豆的供需缺口却逐年扩大，2015年以来我国每年大豆进口量超过8000万吨，棉花、食糖的净进口量也分别超过100万吨和300万吨，食用植物油的净进口量超过600万吨。

二是农产品质量无法满足需求。随着我国开始迈入中高收入国家，绿色、健康、安全、优质、个性的农产品消费需求呈现爆发式增长势头，但是国内优质农产品的供给能力严重不足，我国有机食品常年缺货达30%，奶制品、葡萄、榴莲、燕麦等高端农产品常年依赖进口。

（三）农业资源环境约束日益加剧，可持续发展面临挑战

与农业发达国家相比，我国农业发展长期以来过于依赖要素投入。目前，美国粮食作物的氮肥利用率在50%左右，欧洲粮食作物的化肥利用率在65%左右，而2015年我国三大粮食作物的化肥利用率仅为35.2%，比欧美低15~30个百分点。欧美国家粮食作物的农药利用率在50%~60%，也比我国高15~25个百分点。大量的要素投入，造成了严重的农业面源污染，土壤状况恶化，农业资源环境问题日益突出，远远没有达到绿色发展的要求。

一是土地、水资源日益紧缺。根据《中国国土资源公报》统计，2012年以来，除了2013年全国耕地面积保持平稳外，其他年份均出现了净减少，其中2014年、2015年耕地面积分别净减少10.73万公顷和5.94万公顷。耕地质量更是令人堪忧，2015年全国优等地占比仅为2.9%，低等地占比高达17.7%。农业用水粗放、低效、浪费的状况依然严重，华北、东北、西北等农业主产区的地下水位持续下降，目前华北地区已经形成了世界上最大的地下水超采漏斗区，海河、黄河、辽河流域地表水资源的开发利用效率均在70%以上，已经接近甚至超出了水环境承载能力。

二是农业环境污染严重。除了农业低效生产导致的面源污染外，农业生产也面临工矿和生活废弃物等污染物威胁。2016年，全国土壤总的污染超标率为16.1%，长江三角洲、珠江三角洲、东北老工业基地等部分区域的土壤污染问题较为突出，西南、中南地区土壤重金属超标范围较大。2015年，全国十大水系水质一半受到污染，国控重点湖泊水质四成受到污染，这严重威胁农业用水安全。

三是农业生态退化趋势明显。2016年全国水土流失面积达295万平方公里，沙化土地面积173万平方公里，土壤耕作层变薄、酸化、次生盐渍化、有机质流失分布广泛，草原生态总体恶化局面尚未根本性扭转，辽东湾、渤海湾、胶州湾水质持续恶化。

（四）农业生产成本持续上升，大宗农产品全面丧失国际竞争力

近年来，因全社会平均薪资水平不断上升，土地加速流转推动了地租显性化，化肥农药的过度使用，导致我国农业生产中的人工成本、土地成本和物质费用快速攀升，最终使得我国农业生产成本呈现刚性上涨势头。从表1-3中可以发现，2012—2016年粮棉油糖的生产总成本保持增长态势，年均增幅都在3%以上，三大主粮的生产总成本年均增幅更是保持在3.4%及以上。相比较于2012年，2016年粮棉油糖的生产总成本累计增幅也都在10%以上。与此形成鲜明对比的是，受石油价格下降和各项农业补贴支持政策影响，以美国为代表的农业发达国家，主要农产品的生产成本却相对平稳，甚至有所下降。2016年，美国棉花生产成本比2012

年下降了9.2%（参见表1-3所示）。与美国相比，近年来我国农业生产的成本劣势逐渐凸显，2012年我国稻谷每亩成本仅比美国高3%，2016年就攀升至16.7%，小麦每亩成本从2012年的高出168.1%上升至2016年的高出208.2%。国外农产品的成本优势很容易转化为价格优势，尤其是国际金融危机之后，农产品需求疲软，进一步助推国际农产品价格走低。从2013年开始，我国三种粮食的价格已全面高于配额内进口完税价格，国内外价格倒挂还呈现不断扩大势头。到2015年，小麦的国内价格比关税配额内进口完税价格高34.2%，大米价格高39.0%，玉米价格高43.8%。我国农业长期赖以发展的低成本优势已然消失，大宗农产品全面丧失国际竞争力，个别农产品的国内外价差甚至一度突破关税配额的"防火墙"，严重威胁我国农业产业安全。

表1-3　2012—2016年中美主要农产品总成本数据对比（单位：元/亩）

品种	2012年	2013年	2014年	2015年	2016年	年均增长（%）	累计增长（%）
中国稻谷	1055.10	1151.11	1176.55	1202.12	1201.81	3.4	13.9
中国小麦	830.44	914.71	965.13	984.30	1012.51	5.1	21.9
中国玉米	924.22	1012.04	1063.89	1083.72	1065.59	3.7	15.3
中国大豆	578.20	625.90	667.34	674.71	678.44	4.1	17.3
中国棉花	1939.73	2177.50	2278.56	2288.44	2306.61	4.5	18.9
中国甘蔗	1978.96	2177.77	2115.75	2203.57	2248.02	3.3	13.6
美国稻谷	1024.83	1058.99	1030.08	994.99	1029.46	0.2	0.5

（续表）

品种	2012年	2013年	2014年	2015年	2016年	年均增长（%）	累计增长（%）
美国小麦	309.80	318.20	318.71	317.09	328.55	1.5	6.1
美国玉米	664.38	689.82	696.84	694.43	700.90	1.4	5.5
美国大豆	454.89	476.68	481.07	487.35	488.48	1.8	7.4
美国棉花	723.09	717.14	720.41	629.34	656.89	–2.2	–9.2

数据来源：根据历年《全国农产品成本收益资料汇编》整理。

（五）贫困地区生产要素缺失，长效脱贫难度大

我国贫困地区大多地处自然资源恶劣的边远地区，长期面临人才、资金、信息等生产要素制约，通过外源输血式的扶贫措施，仅能解决一时贫困问题，难以持续脱贫致富。

一是资金短缺。根据测算，“十三五”时期平均每年扶贫资金需投入约2400亿元（刘北桦、詹玲，2016），资金缺口较大。但是，一方面现有财政扶贫资金支付慢，整合难度大，涉农贷款规模小、期限短、门槛高，许多贫困地区财政还无力承担风险保障金，造成有限的支农贷款落地难；另一方面农村地区有大量“沉睡资本”，林权、土地承包经营权、农村集体资产、农房、农业设施、农机具等因为确权颁证、评估交易等滞后，无法转变为实实在在的财富。

二是农村人力资本现状难以有效承接扶贫产业。2012年以来，每年农民工数量都保持在2.5亿人以上，并呈不断增长态势，造成农村空心化、人口老龄化趋势明显，再加上农民受教育水平整体偏低，涉农培训项目覆盖面不宽、针对性不强。结果是有技术、懂经营、善管理的年轻人日益缺

乏，农村剩余劳动力思想保守僵化，还存在大量因病致贫或缺乏劳动能力的贫困户，“等、靠、要”和自暴自弃倾向严重。最终导致贫困户很难承接或深度融入各类产业扶贫开发项目。同时，随着当前我国农村社会治理危机显现，基层组织涣散，文化乱象丛生，农村治理长期倚重的乡镇基层政府及其代理人——村干部的地位和作用不断被弱化，农村基层组织所拥有的社会动员能力也不断萎缩（王亚华等，2016），加剧了分散低效经营，不利于农民抱团取暖、共同致富。

三是信息闭塞滞后。变幻莫测的市场导致许多贫困乡村难以培育扶贫主导产业，多数产业处于“提篮叫卖”阶段，既没有龙头企业顶天立地，又缺乏小微企业铺天盖地，更难以打造有影响力的品牌。受此影响，贫困地区大量农业扶贫项目面临低端农产品过剩、高端农产品市场开拓困难的局面。而且，由于进入门槛低、信息不完全，在政府引导或一些市场主体超额盈利的示范作用下，经济作物种植、畜禽养殖和农产品初加工等项目经常一哄而上，极易引发新一轮的产能过剩。

三、农业落实新发展理念、推动实施创新驱动发展战略的基本思路与建议

（一）基本思路

农业落实新发展理念、推动实施创新驱动发展战略，要围绕农业增效、农民增收、农村增绿，以农业供给侧结构性改革为主线，以提高农业综合效益和竞争力为主要方向，正确处理好政府和市场、短期和长期、农民和土地、供给和需求四大关系，强化制度和科技创新的策源和引领作用，促进农业供需匹配协调，改善农业生态环境，推进农业双向

开放，坚决打赢扶贫攻坚战，实现农业发展由过度依赖资源环境消耗、主要满足量的需求，向追求可持续创新驱动发展、更加注重满足质的需求转变。

一是处理好政府和市场的关系。农业的基础性和部分公共性决定了不能忽视政府的积极作用，但我国农业发展过程中的教训也表明政府不能抢位，更不能越位，必须要让政府和市场各自归位。这其中的关键是要明确政府与市场的边界，政府需要做的是维护好农产品市场秩序，做好正外部性强的农业领域，诸如加强农业基础设施建设，保障粮食安全和农民权益，增强农业抗风险能力，同时放活市场，激活主体，充分发挥市场在农业资源要素配置中的决定性作用。

二是处理好短期和长期的关系。当前我国农业发展面临的结构性矛盾是长期累积的结果，解决起来不可能一蹴而就，必须按照轻重缓急，把握好时机、节奏和力度，稳步推进。短期内要解决好农业污染、粮食库存高企、种植结构不合理等急迫性问题。长期内要解决好基础性问题，诸如提高农业综合生产能力，强化耕地红线和质量提升，建立农业可持续发展的机制化措施，深化农业支持政策体系改革，构建有效脱贫致富的长效机制等。

三是处理好农民和土地的关系。解放和发展农业生产力，最重要的途径就是改革农业生产关系，深入实施农村农业改革。新形势下，这一改革的主线仍然是处理好农民和土地的关系。要在坚持农村基本经营制度、保护农民基本权益的前提下，按照依法、自愿、有偿的原则，积极推进农业经营方式创新，促进农村土地适度规模经营，加快农村宅基地制度改革步伐，促进城乡土地市场统一和土地要素流通，激活农村土地等各类资源要素的潜力。

四是处理好供给和需求的关系。农业现代化除了要强化农业供给质量和效率，也要从需求侧加强管理，尤其是在我国大宗农产品全面丧失国际竞争优势的情况下：一方面，需要从供给侧着手降低农业生产成本，提高农业科技贡献率，增强国产农产品的有效供给能力；另一方面，需要从需求侧强化国外农产品的进口管理和边境保护措施，确保“中国人的饭碗主要装自己生产的粮食”，引导具有国际竞争力的国产农产品“走出去”，扩大外需。

（二）政策建议

1. 深入推进农业制度和科技创新，形成农业发展新动能

农业制度和科技创新是新时期改造和提升农业传统动力，培育农业新增长点的关键和突破口，要营造大胆尝试、宽容失败的良好氛围，激发基层首创精神，促进农业发展由要素投入型向创新驱动型转变。为此要做好如下方面的工作。

一要深入推进各项农业农村制度改革。以农村土地制度改革为核心，在坚持农村土地集体所有制和严守耕地红线的前提下，尽快保质完成农村承包地确权登记颁证工作，试点实施土地经营权入股发展农业产业化经营，全面实施土地承包权有偿退出政策。在第二轮农村土地承包到期后再延长30年的基础上，尽快明确农村土地承包权延包实施办法。以农村产权制度改革为契机，总结推广农村集体资产股份权能改革试点经验，出台集体经济组织成员认定指导意见，明确集体经济组织法人地位，鼓励各地采取入股工商业、发展物业经济、兴办合作社等措施来壮大农村集体经济，建立农村产权抵押融资风险补偿及缓释机制，支持金融机构开发农村产权各类抵押产品。同时，继续深化粮食等重要农产品价格形成机制和收储制度改革，增强政策的灵活性和弹性，推动农业补贴由补流通、补价格转向

补生产、补收入、补生态，实现“黄箱”补贴“绿箱”[1]化。

二要改革农业科研体制。充分发挥企业研发主体的高效率、亲市场特征，近期鼓励采取“企业申请、研发外包”模式，支持农业科研企业与公共研究部门联合成立科研机构，推动部分公共研究机构企业化改制。在农业科技集中地区（如北京、上海、武汉等地）整合现有公共研究部门，邀请大型育种企业参加，建立上下游结合、流水线研发的国家级农业技术研发基地或研发集群，避免低水平重复研究，公共资金重点向研发基地倾斜；远期强化企业与公共研究机构之间的分工协作，建立农业技术专利、信息共享平台。

三要完善农业技术推广体系。加大对基层公益性农业技术推广中心的资金支持力度，有效整合专家大院[2]、科技特派员，鼓励地方建立农科教产学研一体化农业技术推广联盟，探索通过政府购买服务形式扶持发展经营性农业技术推广组织，打造一批现代农业科技示范区，扩大农业互联网区域试验工程。

2. 提高农业供给质量，促进农产品供需匹配协调

提高农业供给质量不仅是农业供给侧结构性改革的主要目标，也是贯彻农业协调发展理念的必然要求，要以市场需求为导向，发挥新型农业经营主体的引领带动作用，不断丰富品种，强化质量安全水平。为此要做好

[1] “绿箱”政策是用来描述在《乌拉圭回合农业协议》下，不需要作出减让承诺的国内支持政策的术语，是指政府通过服务计划，提供没有或仅有最微小的贸易扭曲作用的农业支持补贴。绿箱政策是WTO成员国对农业实施支持与保护的重要措施，主要包括：由公共基金或财政开支所提供的一般性农业生产服务、为保障粮食安全而提供的储存补贴、粮食援助补贴、单亲家庭农场补贴、一般性农业收入保障补贴、自然灾害救济补贴、农业生产者退休或转业补贴、农业生产资源储备补贴、农业生产结构高速性投资补贴、地区发展补贴。

[2] 农业科技专家大院是为农业专家们搭建的科技成果快速转化的平台。对专家而言，是科研中心、试验中心，以及新技术、新品种的推广中心；对农民而言，是技术培训中心、信息中心；对地区农业生产而言，是农业良种中心、科技龙头。

如下方面的工作。

一要调整优化产品结构。坚持市场化的改革取向，打破区域间市场壁垒，维护公平竞争的市场秩序，让价格信号反映真实的市场供需状况。构建统一而高效的农业信息共享平台，及时发布国内外各类农产品的供需平衡表，提供及时准确全面的价格变化信息，引导农民根据市场变化合理安排生产决策。对于关系国计民生的粮食作物，要在准确把握粮食供需形势的情况下，综合运用加工补贴、出口退税、过腹转化[1]等措施合理消化玉米库存，适时调整粮食各品种的补贴规模，提高粮食作物保险的保障水平，降低粮食生产各环节的成本，稳定种粮比较效益。

二要提升产品品质。鼓励开发口感好、营养全的新品种，推进农业生产标准化，制定和推行适合国情的良好农业生产规范（GAP），深入实施减化肥、减化学农药和减化学除草剂的“三减”行动，推进病虫害绿色防控，严打违禁农兽药和非法添加剂，强化绿色有机农产品认证机构监管和获证企业自律性检查。支持果蔬和畜禽水产等高附加值的农产品生产企业，率先应用危害分析和关键控制点（HACCP）质量体系、良好作业规范（GMP）和产品质量全程追溯管理系统，建立农产品生产经营主体信用惩戒机制。

三要拓展农业功能。以农村一二三产业融合发展为契机，广泛采用最新的技术要素和商业模式，建立农村电子商务扶持政策与大型电商企业农村布局协调机制，改善制约农村电商发展的仓储、物流、网络、道路等基

[1] “过腹转化”是指不直接出售粮食等农作物，而用来发展养殖业，由此增加农作物的附加值。另外也指把种植业、餐饮业、加工业剩余的下脚料经过“过腹转化”成为优质的有机农家肥，还肥于地，增加地力，使土地的有机质、各种微量元素含量不断提高。这样，种植、养殖、加工原料形成产业链条，降低了原料的中间成本，在整个流程中避免了污染，减少了浪费，降低了经营成本。

础设施，改善消费者的农产品购物体验。积极开展乡村旅游星级评定，宣传推介精品乡村旅游线路和创意农业项目，拓展农业的生态、文化和休闲功能。

3. 改善农业生态环境，推进农业生产绿色化

只有坚持农业绿色发展才能创造良好的农业生态环境，进而保障农产品质量和农业可持续发展，要正视农业生态环境的脆弱性，实施严格的农业资源环境保护措施，贯彻落实中央提出的“藏粮于地、藏粮于技”战略。为此要做好如下方面的工作。

一要发展生态循环农业。以县为单位，通过示范引领、多元补贴、管理机制创新等多种措施，全面推进生态循环农业建设，总结推广种养加、“猪-沼-果（蔬）”、“稻鱼（蟹）共生”等多种循环农业模式，制定种养一体化、大型沼气、农作物秸秆综合利用、地膜清洁生产等循环农业技术标准和实施规范，推进建立规模养殖场的废弃物强制性资源化处理制度。

二要集中治理农业环境突出问题。开展土壤污染状况详查，深入实施土壤污染防治行动计划，开展重金属污染耕地修复及种植结构调整试点。扩大农业面源污染综合治理试点范围。加快实施山水林田湖沙生态保护修复工程和新一轮退耕还林还草工程，推进耕地轮作休耕制度试点，加大东北黑土区、黄土高原区、西南岩溶区等重点地区的水土流失治理支持力度。

三要实施农业节水工程。全面施行“以水定产”，强化农业用水定额管理，贯彻落实农业水价综合改革。优先在地下水漏斗区和干旱半干旱地区，推进大中型水利工程节水改造，普及喷灌、滴灌等田间节水灌溉设施和水肥一体化农艺节水技术。在生态脆弱区和粮食主产区，完

善地下水环境监测网，优先建立地下水位预警机制，严格控制无序化的“旱改水”。

4. 内部降成本与双向开放相结合，打造开放共赢新格局

降成本和促开放并行不悖，既要通过降成本提高农业竞争力为深入开放奠定基础，又要通过对外开放利用“两个市场、两种资源”增强我国农业竞争力。为此要做好如下方面的工作。

一要推进农业适度规模经营。适度规模经营能够提高经营效率、降低单位成本。需要进一步明确农业适度规模经营主体要以农民合作社、家庭农牧场、种养大户为基础，产业化龙头企业为补充，支持组建农民合作社联合社，清理整顿“空壳社、休眠社、套牌社”，完善农业适度规模经营主体在金融、土地、财税等方面的扶持政策，引导家庭农牧场和种养大户大力发展特色高效农业。

二要完善农业社会化服务。农业社会化服务能够借助统一采购、集中服务，降低产前、产中、产后各环节的成本。通过以奖代补、先建后补、财政贴息等措施，支持工商资本和大型龙头企业投资设立供销合作社、专业服务公司、专业服务合作社、种肥药机一站式联盟等经营性农业服务组织。重点面向适度规模经营主体，提供种植技术指导、农业劳务、农资配送、农机服务、病虫害防治、运输、烘干代储、融资担保等一站式农业服务。

三要“引进来”与“走出去”相结合。继续维护多边贸易体制在全球贸易发展中的主导地位，加快实施自贸区战略，适时启动与其他经贸伙伴的自贸协定谈判，进一步扩大双边农业开发领域。根据国内农产品供需缺口情况，合理确定主要农产品的进口规模，适当提高饲料和工业用粮的进口配额量，实施进口来源多元化战略，尽早研究制定粮食超配额进口关税

政策和应对预案。同时，优化全球粮食生产布局，通过信贷支持、通关便利化、签订双边农业投资合作协议等措施，支持国内农业企业重点在东南亚、中亚、俄罗斯、非洲、南美等地区实施跨境并购，建立海外生产基地或战略后备基地，积极投资大宗农产品的育种、加工、物流、仓储等全产业链业务，打造具有国际话语权的大粮商。

5. 补齐产业扶贫关键短板，创新共享发展新模式

农村贫困人口能否脱贫是共享发展中的硬骨头，关系到全面小康社会的建成，要充分调动各级政府和社会各界力量，激发贫困户的内生发展动力，在奔小康的路上不让一人掉队。为此要做好如下方面的工作。

一要切实解决扶贫资金短期问题。提高财政扶贫资金的使用效率，引导和听取大多数贫困户的意愿，将政策扶贫资金集中用于解决产业扶贫中一家一户无法解决的基础设施和公共服务问题。同时，扩大金融扶贫资金规模，加大扶贫资金贷款贴息力度，研究组建扶贫融资担保基金，专门用于扶贫贷款担保。鼓励建立县级小额信贷风险化解平台，设立贫困农户专门评级授信系统，确保符合条件的贫困农户享受无担保、无抵押、基准利率的小额信贷。

二要努力提高贫困地区的人力资本水平。加大贫困乡村的大学生和外出经商务工人员返乡创业的扶持力度，采取政府购买技术服务、远程教学、请进来等方法，注重培养贫困地区的本土技术人才力量。采取组团式技术扶贫办法，建立项目平台、项目库和专家库，支持高水平的科研机构及其技术人员与贫困乡村结对帮扶。

三要强化产业扶贫市场信息服务。通过政府购买或奖补等方式，支持涉农的大型综合电商平台企业利用大数据，定期发布全国主要特色农产品及其加工产品的消费需求信息和价格信息。扶贫部门要与发展改革、统

计等部门合作，建立标准化的产业扶贫项目统计信息平台，定期向全社会公布各地区的产业扶贫项目及其产能变动信息，引导产业扶贫的项目选择（蓝海涛等，2017）。

（执笔人：张义博）

参考文献

1. 陈婧. 精准扶贫系列报道I（现状篇）：精准扶贫成效彰显［OL］. 中国经济时报公众号（2016-10-17）.

2. 第一农经网. 看国际"十二五"科技创新成就展之农业成就［OL］. http://mt.sohu.com/20160614/n454276520.shtml（2016-6-14）.

3. 杜鹰. 农村一二三产业融合发展成效显著［OL］. 中国网，http://www.china.com.cn/guoqing/2017-03/14/content_40454012.htm（2017-3-14）.

4. 冯翠，代晓松. 乡村旅游发展的五个规律［N］. 中国旅游报，2017-3-21.

5. 冯华. 中国农业走向世界大舞台——我国农业国际交流与合作发展成就综述［N］. 人民日报，2016-6-2.

6. 高文. 我国"三品一标"产品总数达到10.7万个［N］. 农民日报，2016-3-26.

7. 郭同欣. 转型升级持续推进 发展动能不断增强［N］. 人民日报，2017-4-27.

8. 韩长赋. 大力推进农业绿色发展［N］. 人民日报，2017-5-9.

9. 蓝海涛，张义博，周振. 强化产业基础，促进贫困地区加快脱贫的对策研究［R］. 中国宏观经济研究院产业所内部研究报告，2017.

10. 刘北桦，詹玲. 农业产业扶贫应解决好的几个问题［J］. 中国农业资源与区划，2016（3）.

11. 农业部农产品贸易办公室，农业部农业贸易促进中心. 中韩和中澳自贸协定农业成果及利用；2016中国农产品贸易发展报告［M］. 北京：中国农业出版社，2016.

12. 王佳傲. 2016农机科技创新全程发力［N］. 中国农机化导报，2017-1-9.

13. 王亚华，高瑞，孟庆国. 中国农村公共事务治理的危机与响应［J］. 清华大学学报（哲学社会科学版），2016（2）.

14. 余瑶. "互联网+"现代农业掀起农业信息化新浪潮［N］. 农民日报，2016-12-16.

15. 袁雪莲. 国家林业局：新一轮退耕还林工程稳步推进［OL］. http://news.hexun.com/2016-07-01/184694199.html.

16. 张桃林. 切实加强农业资源环境工作不断提升农业绿色发展水平——在全国农业资源环境与能源生态工作会暨2016中国现代农业发展论坛上的讲话［J］. 农业资源与环境学报，2017（2）.

17. 章正，李晨赫. 2016年全国农村贫困人口减少1240万人［OL］. 中青在线，http://news.cyol.com/content/2017-02/28/content_15675029.htm（2017-2-28）.

18. 中国农机网. 回首过去：我国农业科技取得的七大成就［OL］. http://www.nongjx.com/news/detail/56514.html（2016-7-6）.

专题报告二

实体经济创新驱动发展的主要成就、问题和对策研究

内容提要： 在中共中央、国务院关于创新驱动发展战略的持续推动下，我国实体经济发展取得显著成效，重点产业创新能力明显提升，越来越多的企业重视以创新提升企业竞争力，创新驱动政策范围也逐步由高技术领域向实体经济拓展。但创新仍未成为驱动实体经济发展的第一动力，实体经济创新发展的基础仍不扎实，并面临成果转化、激励机制等诸多体制机制制约，亟须把创新聚焦到实体经济发展上，组织实施重点产业创新发展工程和重点企业竞争力提升行动计划，完善国企改革、绩效考评、科研管理等体制机制，以切实的举措推动实体经济创新发展。

实体经济发展事关国民经济命脉。在当前我国经济发展进入新常态的背景下，迫切要求以创新驱动实体经济转型升级，加快培育新增长点，汇聚经济社会发展新动能，构筑国民经济发展新优势。

一、创新驱动实体经济发展取得显著成效

党的十八大以来，我国提出了创新驱动发展战略、中国制造2025、“大众创业、万众创新”、“互联网+”行动计划等创新驱动实体经济发展的重大决策和部署，推动实体经济在结构转型、动能转换等方面不断提质增效升级，对实体经济创新发展起到了很好的促进作用。

（一）重点产业创新能力显著提升

在国家创新驱动发展等战略和政策的持续推动下，以高技术产业和战略性新兴产业为代表的新兴产业保持持续较快增长态势，重点领域关键技术取得重大突破，行业技术研发人员、经费支出、新产品收入、有效发明专利等指标显著提高，产业创新能力明显提升。

一是产业研发投入大幅增加。2012—2016年，我国全社会研发经费支出由10240亿元增加到15500亿元，增长51.4%。按照可比美元计算，我国已成为仅次于美国的世界第二大研发支出国。2012—2015年，我国全社会研发强度（即全社会研发投入占GDP比重）由1.93%提高到2.10%，产业研发强度（即产业研发经费投入占GDP比重）由1.43%提高到1.54%，缩小了与发达国家的差距。2012年，我国产业研发强度分别相当于德国、日本、韩国和美国的75%、56%、47%和89%，到2014年，上述比重则分别转变为81%、56%、48%和92%（参见表2-1所示）。

表2-1 我国与部分发达国家研发投入强度比较（单位：%）

类型	指标	国家	2012年	2013年	2014年	2015年
研发投入	全社会研发支出占GDP比重	中国	1.93	2.01	2.05	2.10
		德国	2.87	2.83	2.90	2.87
		日本	3.34	3.48	3.59	3.49
		韩国	4.03	4.15	4.29	4.23
		美国	2.70	2.74	2.76	2.79
	产业研发支出占GDP比重	中国	1.43	1.50	1.54	–
		德国	1.90	1.85	1.91	–
		日本	2.54	2.63	2.77	–
		韩国	3.01	3.14	3.23	–
		美国	1.60	1.67	–	–

数据来源：OECD数据库，*Science Technology and Innovation Outlook2016*。

二是若干重点产业领域关键技术取得重大突破。我国自主研制的水下机器人“潜龙二号”成功首潜，世界首颗量子科学实验卫星“墨子号”发射升空，以及大亚湾反应堆中微子实验发现中微子振荡新模式，标志着我国部分领域迈入世界科技前沿。与此同时，高铁、4G、北斗导航等一批重大产业技术应用扭转了我国核心技术和知识产权受制于人的被动局面，成为我国创新驱动发展的成功典范。轨道交通装备国产化率超过80%，构建了CTCS列控系统技术体系，高速铁路技术和产品达到世界领先水平。TD-LTE-Advanced被国际电信联盟确定为第四代移动通信国际标准，进一步巩固了中国在移动通信标准制定领域的国际领先地位。C919大型客机总装下线，并成功实现首飞。北斗导航应用完成关键技术突破，全球组网模式基本确立，在交通运输、海洋渔业、水文监测、通信授时等领域推广应用。

三是重点行业竞争力明显提升。随着创新驱动发展战略的深入实施，我国电子信息、装备制造、新能源汽车等重点产业技术实力和市场份额不断提高，产业竞争力提升明显。手机终端产业迅速崛起，2016年我国手机出货量达到5.6亿部，其中，国产品牌出货量4.98亿部，占同期国内手机出货量的88.9%。在全球14大领先智能手机供应商中，中国品牌占据了10个，份额增长到39%，以华为、联想、小米、OPPO、Vivo和酷派为代表的国产品牌占据超过80%的国内市场份额，国产智能手机向中高端渗透并取得实质进步。机器人产业发展上升为国家战略，机器人市场快速成长，每百万名工人使用工业机器人数量稳步提升，从2012年的不足30台/万人提高至2016年的49台/万人，与全球工业机器人平均密度差距越来越小。国产机器人的自主研发能力显著增强，沈阳新松、广州数控、上海新时达、安徽埃夫特“四小家族”成长为行业领军企业，自主研发新产品不断涌现，国产工业机器人的销售占比从2012年的14%提升至2015年的31%。新能源汽车在电池、电机、电子控制和系统集成等关键技术方面取得重大进步，整车产品技术水平不断升级，续驶里程、最高车速等性能持续提升，整车可靠性、安全性不断提高。动力电池技术有了大幅提升，正负极材料技术及产业化水平进入世界前列，并初步建立起完整的新能源汽车产业链。2014年，全国新能源汽车销售占汽车总销售比例突破1%，标志着新能源汽车进入产业化初期阶段。2016年，我国新能源汽车销量突破50万辆，占全球新能源汽车总销量的占比超过40%，我国成为全球最大的新能源汽车市场。

（二）越来越多的企业重视以创新提升竞争力

当前，我国经济发展进入新常态，传统发展优势正在消失，必须依靠创新培育发展新优势。越来越多的企业认识到创新对自身发展的重要性，通过制定适合本企业发展的战略、路线和创新性举措，大力开展技术、产品、管理和商业模式创新，不断提高企业竞争力。

华为公司从2万元起家，用30年的时间，从名不见经传的民营科技企业，发展成为世界500强和全球最大的通信设备制造商，2016年华为销售收入超过5200亿元，华为的产品和解决方案已经应用于全球170多个国家，服务全球运营商50强中的45家及全球1/3的人口，创造了中国乃至世界企业发展史上的奇迹。这些成绩的取得，与华为重视创新、持续高水准的研发投入密切相关，华为研发投入占销售收入比重超过10%，近10年累计投入研发经费超过3000亿元。目前，华为的17万名员工中有超过8万多人从事技术研发，占比将近一半。据欧盟委员会2016年12月底发布的“2016全球企业研发投入排行榜”，华为以83.58亿欧元（608亿元）研发投入位居中国第一、世界第八。

海尔公司通过将消费者需求和全球顶尖技术精准对接，不断更新企业管理的认知与思路，从“日事日毕，日清日高”的全方位优化管理法（OEC管理模式），到面向市场的“市场链”管理，再到快速推进的“人单合一”模式，创造了新管理模式，开发了“众创汇”、Hope平台等，让每个员工都变身为创客，并与全球十大研发中心协同，极大地提升了公司的创新创业能力，在实现用户价值的同时创造自身增值，确保个人、企业发展与用户利益始终在同一轨道上。2016年海尔大型家用电器品牌份额占全球的10.3%，已连续8年成为世界排名第一的家电制造商。

万向集团是世界知名的汽车零部件生产商，但在创新驱动发展理念的指引下，公司于1999年开始布局清洁能源领域，累计投入近百亿元，积极布局电池、电动汽车、天然气发电、风力发电、人工智能和车联网等新兴领域，并与国际先进技术和企业合作，用全球资源参与全球竞争，打造有全球影响力的品牌。目前，万向清洁能源正在形成自己的协同优势，并将陆续投入超过2000亿元，建设包括新能源汽车零部件、新能源汽车电池、纯电动客车、新能源乘用车四大产业板块的“万向创新聚能城”，着力打造开放、分享的创新创业平台。

阿里巴巴公司作为新实体经济的代表，通过构建基于互联网的电子商务平台，为企业提供线上线下全渠道服务，提高社会效率，推动传统厂商主导的B2C模式向消费者驱动的C2B模式转变，从而实现传统产业向新零售和新制造升级。2016年，阿里巴巴平台销售总额突破3万亿元，成为全球超大移动经济实体，集团合计纳税238亿元，带动平台纳税至少2000亿元，相当于4000家大型商场的销售体量，创造了超过3000万个就业机会。这些成绩的取得与其大力发展新实体经济，驱动传统产业向新零售和新制造转型，提高流通效率等创新型举措息息相关。阿里巴巴还在云计算等新技术领域积极布局。阿里云计算业务，不仅占据中国公共云市场的绝对领导地位，更与美国亚马逊AWS、微软Azure并驾齐驱，鼎立全球云计算三强。2016年，阿里云占据中国公共云市场50%份额，是AWS、Azure、腾讯云、百度云和华为云的总和。

通过这些领先企业和越来越多企业专注创新的努力，我国实体企业的整体技术创新活力显著增强。有研发活动的企业数量不断增加，企业研发投入总量和强度均不断提高。2012—2015年，我国有研发活动的企业数量由4.72万个增加到7.36万个，占规模以上工业企业总数的比重由13.7%提高到19.2%；规模以上工业企业的研发经费支出由7201亿元增加到10014亿元，首次突破万亿元大关，研发经费占主营业务收入的比重由0.77%提高到0.99%。工业企业的技术成果产出快速增加，技术成果创新效率有所提高。2012年，规模以上工业企业的专利申请量为48.99万件，至2015年达63.85万件，增长迅猛。其中，发明专利申请量增速更快，由17.62万件提高到24.57万件，占全部专利申请量的比重从35.9%提高到38.4%（参见表2-2所示）。与此同时，越来越多的中国企业在全球各项排名榜中出现。

2016年，我国进入《财富》世界500强的企业数目达到110家，已成为世界500强企业第二多的国家，而2012年仅有73家。2014年，我国有4家企业上榜波士顿咨询公司评选的《全球最具创新力企业50强》[1]。2016年，我国有5家初创企业入选《麻省理工科技评论》的“2016全球50家最具创新力科技公司”。2016年，新入选CB Insights“全球独角兽企业”榜单的中国企业数量（10家）与美国（13家）旗鼓相当。

表2–2　我国规模以上工业企业研发经费投入及成果产出变化

年份	有研发活动企业数（万个）	有研发活动企业比重（%）	研发经费（亿元）	研发经费占主营业务收入（%）	专利申请（万件）	发明专利申请（万件）	单位研发经费专利申请（件/亿元）	
							专利	发明专利
2012	4.72	13.73	7201	0.77	48.99	17.62	68.04	24.47
2013	5.48	14.83	8318	0.80	56.09	20.51	67.43	24.66
2014	6.37	16.85	9254	0.84	63.06	23.99	68.14	25.93
2015	7.36	19.2	10014	0.99	63.85	24.57	63.76	24.53

数据来源：国家统计局。

（三）创新驱动政策范围由高技术领域向实体经济拓展

经过多年的实践和探索，我国对创新驱动发展的内涵外延的认识不断深化，政策范围也不断拓展，呈现从高技术领域向实体经济拓展的趋势。2015年，中共中央、国务院发布了《关于深化体制机制改革 加快实施创新驱动发展战略的若干意见》（中发〔2015〕8号），强调要强化科技同经济对接、创新成果同产业对接、创新项目同现实生产力对接、研发人员创

[1] 中国2014年上榜企业有联想（排名为第23名）、小米（排名为第35名）、腾讯（排名为第47名）和华为（排名为第50名）4家，2015年有腾讯（排名为第12名）、华为（排名为第45名）和联想（排名为第50名）3家，2016年仅有小米（排名为第35名）和华为（排名为第46名）2家。

新劳动同其利益收入对接，增强科技进步对经济发展的贡献度，从而使创新驱动发展战略真正落地，进而打造促进经济增长和创新创业的新引擎。这表明，创新驱动的目的不仅仅是发展高技术产业，而且是促进整个经济增长和产业升级。2016年，中共中央、国务院印发《国家创新驱动发展战略纲要》则更明确了要把创新作为引领发展的第一要义，针对我国传统发展动力减弱、产业仍处于全球价值链中低端、一些关键核心技术受制于人等突出矛盾和问题，通过构建产业技术创新体系、强化原始创新、优化区域创新布局、深化军民互动发展、壮大科技创新主体、实施重点科技项目和工程等重大举措，构建完善的创新制度和环境，推动主要产业进入全球价值链中高端。

在产业技术创新领域，其涵盖范围不仅包括了新一代信息网络技术、智能制造技术、清洁能源技术等高技术领域，也包括了现代农业、农村一二三产业融合发展，以及电子商务、互联网金融、工业设计等现代服务业发展，其政策范围已涵盖整个实体经济。2016年，国务院发布的《“十三五”国家战略性新兴产业发展规划》也呈现同样的特点，该规划重点发展的网络经济、高端制造、生物经济、绿色低碳和数字创意等五大产业包括了服务业和运用新兴技术改造传统产业的内容。

从近年来中央财政转移支付的情况也能发现这一趋势，2014—2017年，中央财政用于战略性新兴产业的专项预算金额从80亿元下降至12.55亿元，2017年仅相当于2014年的15.7%，而同期工业转型升级的转型预算金额从10亿元提高至57亿元，增长470%。实际执行情况亦是如此，2013—2016年，中央财政用于战略性新兴产业的专项执行额从59.73亿元下降至23.81亿元，降幅超过一半。同期工业转型升级的转型资金执行额从8亿元提高到52.83亿元，增长560.4%，反映创新驱动发展的重点领域由之前的战略性新兴产业、高技术产业向整个实体经济转变的趋势（参见表2-3所示）。

表2-3 2013—2017年战略性新兴产业与工业转型升级专项转移支付情况

项目		2013年	2014年	2015年	2016年	2017年	2017/2014
战略性新兴产业资金（亿元）	预算数	—	80	80	30	12.55	15.7%
	执行数	59.73	52.45	59.75	23.81	—	39.9%*
工业转型升级资金（亿元）	预算数	—	10	10	110	57	570%
	执行数	8	10	10	52.83	—	660.4%*

注：经计算，标*为2016/2013的数据。
资料来源：中华人民共和国财政部《2013—2017年中央对地方税收返还和转移支付预算表》。

二、创新尚未成为驱动实体经济发展的第一动力

（一）实体经济发展仍主要依靠要素驱动

当前，我国实体经济发展的动能正从主要依靠资源和低成本劳动力等要素驱动向创新驱动转变，但也要看到，要素驱动仍是实体经济发展的主要驱动力。实体经济发展面临的低端供给过剩、中高端供给不足的结构性失衡问题仍然很突出，产品结构还无法适应消费结构的升级变化，高品质、个性化、高附加值的产品供给不足现象仍然存在，传统制造业中的关键装备、核心零部件和基础软件等均严重依赖进口。

2016年我国投资率仍超过80%，除了北京、上海、黑龙江、辽宁等个别省份外，其余省份的投资增速基本都高于同期GDP增速，山西、安徽、江西、云南、贵州、西藏、陕西、甘肃、青海、宁夏、新疆等十多个省份的投资率超过100%，表明经济增长仍主要依靠要素驱动和投资驱动。一些资源型地区的产业发展过于依赖本地优势资源的开采、加工和利用，导致产业结构单一，产品发展层次低，本地经济结构不合理。

（二）实体经济创新驱动发展的基础仍不扎实

尽管近年来实体经济的创新驱动发展取得巨大成就，但仍存在产业层次低、企业创新能力较弱、过度依赖国外市场、价值链条短等深层次矛盾和问题，创新驱动发展的基础仍不牢固。我国企业创新能力依然薄弱，许多领域缺乏具有自主知识产权的核心技术，企业在创新决策、研发投入、科研组织和成果应用等方面的作用仍亟待加强，企业创新的发动机作用还没有完全显现，企业创新主体对创新供给的支撑作用仍有待加强。我国企业研发投入明显偏低，目前我国规模以上工业企业平均研发投入占主营业务收入的比重尚不足1%，与主要发达国家2%～3%的平均水平差距巨大，这直接制约了企业创新能力的提升。

目前创新生态体系还不完善，相关技术创新服务的支撑能力相对不足，还存在创新支撑服务机构建设不健全、服务内容不全面、尚未形成网络化高效服务体系等问题，制约产业技术创新能力的提升和价值链的提升。

与此同时，知识产权保护力度不足，国民的知识产权意识还比较淡薄，侵犯知识产权的案例时有发生，对侵犯知识产权者处罚不严，起不到威慑作用，导致“侵权成本低、维权成本高”等问题较为突出，不利于激发创新主体的创新热情。

（三）创新驱动实体经济发展仍面临诸多体制机制障碍

科技体制方面仍然存在一些弊端，以市场为主导的科技体制仍需完善，科技与经济结合不紧密，产学研协同创新机制不够健全，科技投入与成果产出不对称问题突出。

科技成果产业化仍面临制度束缚。由于国家设立的研究开发机构、高等院校的职务科技成果国有这个根本性质没有改变，“先转化、后确权”并没有让科技成果完成人和参加人获得完全知识产权，研发人员参与科技成果转化时仍然顾虑重重。根据中国科学技术协会《学科发展报告（2014—2015）》，全国5100家大专院校和科研院所，每年完成科研成果3万项，但其中能转化并批量生产的仅20%左右，专利实施率不到15%，形成产业规模的则仅有5%。

大学和科研院所的人事及薪酬制度落后于创新发展的时代要求，阻碍了科技人力资源的流动和有效配置，抑制了科技创新潜力的发挥。科研项目和经费管理的不合理限制和约束，也严重挫伤了科技人员的积极性。

三、创新驱动实体经济转型发展的政策建议

总的来看，我国已经到了只有更多依靠创新才能实现升级发展、持续发展的新阶段，必须落实发展新理念，推动实施创新驱动发展战略，提升实体经济质量和效益。建议聚焦发展重点，完善体制机制，营造良好创新生态，加快提升重点产业和重点企业的创新能力，以一系列务实的举措推动实体制造业转型升级。

（一）将创新聚焦到实体经济发展

近年来，中共中央、国务院对创新发展高度重视，科技投入大幅增加，创新平台与载体建设加快，推动战略性新兴产业和大众创业万众创新不断向纵深发展。但是，与实体经济对创新驱动发展的要求相比，既往创新驱动发展政策的重心有所偏颇，尚存在“重视新兴产业培育，忽视传统产业升级”“重视做大增量，忽视存量改造”“重视从0到1的科技研发投入，忽视从1到N的产业化转化扶持”等方面的问题，对实体经济特别是传统制造业支持不够。

一是在发展重点上“重视新兴产业培育，忽视传统产业升级”。由于战略性新兴产业具有战略性、创新性和先导性等特征，潜在市场需求大、技术先进、发展速度快，并能代表未来发展方向。因此，在实际工作中，不少地方政府认为，创新驱动发展实际上就是培育发展新兴产业，甚至把创新驱动等同于科技创新，以为建设几个企业技术中心、研发实验室或者创新平台就是创新驱动，而忽视了创新驱动发展的内涵是通过科技创新、制度创新、组织创新、政策创新等，来推动实体经济提质增效升级。既包括促进新兴产业加快发展，也包括推动传统产业更多地运用新技术手段来研发新产品、拓展新业态、开辟新模式，从而实现转型升级、创新发展。

二是在发展思路上“重视做大增量，忽视存量改造”。一般而言，做大增量比存量改造更容易出成果、见成效。因此，不少地方尽管认识到新兴产业发展和传统产业升级对于创新驱动发展而言都很重要，甚至传统产业升级的需求更为迫切，但还是采取“先易后难”甚至“只做容易的事”而不“攻坚克难”的发展策略和措施。由此导致的结果是：一方面，新兴产业领域由于大量的扶持而产生不公平的过度竞争，甚至导致风电、太阳能等新兴产业领域的产能过剩；另一方面，一些传统产业在转型升级的重要窗口期得不到强有力的扶持而不得不放缓甚至停滞转型升级的步伐，行业内的矛盾和弊病日积月累，与发达国家的差距进一步拉大，存量改造和产业升级的难度也越来越大，所付出的成本也会越来越高。

三是在扶持环节上“重视从0到1的科技研发投入，忽视从1到N的产业化转化扶持”。受传统惯性思维影响，不少人在推动创新驱动发展的同时过于强调科技研发的重要性。事实上，技术创新是把新技术成功地与产品或工艺相结合的过程。这意味着，技术不同于科学，只有以产品形式出现才有生命力。因此，学术论文、科研项目甚至专利数量的增长并不一定意味着技术进步和创新驱动。创新驱动必须是能够带来实实在在的经济增长，这就要求创新驱动不能仅仅是实验室里的研究，而是必须将科技创新成果转化为推动经济社会发展的现实动力。换言之，对创新驱动发展而言，从0到1的突破很重要，而从1到N的发展则更为关键，在评价创新驱动发展成效中的权重更高。

事实上，一方面，实体经济是我国经济发展的根基，有很多实体产业都是我国具有比较优势的行业，仍具有很大的创新发展空间。比如，轻工业是我国传统优势产业，就业人数占全国制造业的四分之一以上，但国家专项很少落实到轻工企业。另一方面，虽然我国已成为世界第一制造业大国，但实体经济总量规模还需要继续扩大。根据世界银行数据，2014年我国第二产业增加值达到4.4万亿美元，比美国第二产业增加值高27%。然而，我国实体经济发展却远未充分，在技术、管理、产业附加值等方面与发达国家的差距仍然较大。目前我国纺织服装制造业的增加值率只有20%，而发达国家基本都在30%以上，如美国、德国、日本和英国纺织服装制造业的增加值率分别为30%、34%、37%和51%[1]。这就表明，我国实体经济发展在技术、工艺流程、品牌价值和运营管理等方面还有很大的创新空间。为此，必须调整我国创新战略的主攻方向，将创新聚焦到发展实体经济特别是制造业上来，把更多的重大科技专项、技术改造资金等投入到实体制造领域。

一是推动发展战略向实体经济聚焦，要充分认识到实体经济的创新发展是未来我国经济发展的重中之重，厘清发展思路与重点，在各类发展战略、规划、指导意见和行动计划中明确提出发展实体经济的政策导向和具体领域、方案和路线图。

[1] 李伟. 把创新主战场放在实体经济上［N］. 经济日报，2017-4-14.

二是重塑创新导向的社会报酬结构，破除金融中心主义的认识误区，遏制金融业高回报导致的创新要素“脱实向虚”和大量优秀人才过度配置到金融业的趋势，推进金融业发展与实体经济再平衡。

三是加大对实体经济改造升级的资金支持。建议增设资金规模超千亿元的国家技改专项资金，重点支持轻工、纺织、机械等传统行业技术改造、共性技术研发和核心零部件国产化。设立国家传统产业转型升级创投基金，引导社会资本支持传统产业技术改造、转型升级。

（二）组织实施重点产业创新发展工程

创新驱动发展的根本落脚点是产业，要紧紧围绕《国家创新驱动发展战略纲要》中提出的“主要产业进入全球价值链中高端”的战略目标，制定实施重点领域创新发展行动计划。考虑到不同行业创新发展面临的问题存在较大差异，建议从国家层面，选择汽车、数控机床、船舶、家电、纺织、移动互联网、生物医药等10个左右重点行业，制定创新发展行动计划，明确路线图和时间表，从体制机制改革、关键技术攻关和产业化、政策支持等方面制定一揽子措施，务求在未来3～5年取得实质性突破。

（三）实施重点企业创新能力提升行动计划

企业是创新的发动机，通过企业和企业家对人才、技术、资金等生产要素资源进行重新组合，可以转化为现实生产力，促进经济增长和供给结构改善（王昌林，2014）。近年来，我国加大企业技术研发支持力度，企业研发投入的积极性不断提高，研发能力得到增强，重点产业领域的创新成果不断增多，以企业为主体、市场为导向、产学研相结合的技术创新体系建设取得积极进展。但我国企业的创新能力依然薄弱，亟需实施重点企业创新能力提升行动计划，培育一大批创新型企业。

一是实施创新型领军企业培育提升计划。实施创新企业百强工程，突出重点，通过支持企业创新能力建设、引进人才、加强产学研结合等方式，加快培育一批拥有自主知识产权和知名品牌、具有国际影响力的创新型领军企业。加大财政资金支持企业研发的力度，鼓励企业牵头参与国家重大科技研发计划，建立以需求为导向、由企业牵头、高校和科研机构以提供研发服务方式参与的关键技术领域产业技术攻关体系。

二是实施“独角兽”企业创新能力提升计划。“独角兽”通常指未上市且市值达到一定规模（比如10亿美元）的公司，这类公司创新能力强、发展速度快、引领着产业变革的方向，某种程度上已成为衡量一个国家在新业态、新模式、新技术等方面创新能力强弱的评价指标。知名创投研究机构CB Insights发布的“独角兽”公司榜单就广受关注。为此，需要加大对“独角兽”企业的政策扶持力度，对“独角兽”企业的创新型产品提供强有力的知识产权保护措施，完善产业公共服务体系，构建孵化“独角兽”企业的独特生态链，支持包括技术创新、业态创新、商业模式创新等在内的各种创新，促进“独角兽”企业快速涌现，加快成长，保持较强的企业纵向流动性。

三是实施中小微企业创新能力提升计划。中小微企业是创新体系中最具潜力、最活跃的部分，充满活力的新创企业是增强实体经济创新性和活力的关键。为此，要持续推动大众创业、万众创新向纵深发展，弘扬创新和企业家精神，培育中小型创新企业。重点从打通科技成果转化“最后一公里”、优化科技服务供给、降低企业经营成本、提升政策精准性等方面优化中小微企业的发展环境，促进中小微企业的创新发展。

（四）完善相关体制机制和政策环境

实现创新驱动实体经济发展，最紧迫的是破除体制机制障碍，重点方向是推进国企改革、完善绩效考评机制和推动成果产业化。

一是深入推进国企改革，建立市场友好型的国有经济。强化公平竞争导向，减少对国有企业各种名目的补贴，着力祛除国有经济承担的政治、经济、社会等诸多特殊功能，优化调整国有经济战略性布局，实现从“管企业”为主向“管资本”为主转变，推进国有企业在“做优”“做强”“做大”的同时，增强“活力”“影响力”“抗风险能力”。

二是完善绩效考评机制，把激励搞对路。要加强激励、鼓励创新，激发企业、大学和科研机构、新型研发机构、各类专业化服务机构等创新主体的内生动力和发展活力，使各类主体在创新体系中各归其位，系统提升各类主体的创新能力，增强创新源头供给。坚持价值导向，针对我国科研人员实际贡献与收入分配不完全匹配、股权激励等对创新具有长期激励作用的政策缺位、内部分配激励机制不健全等问题，明确分配导向，完善分配机制，使科研人员的收入与其创造性劳动的科学价值、经济价值、社会价值紧密联系。实施灵活高效、人尽其才的选人用人政策，按照创新的规律培养和吸引人才，为人才成长提供有竞争力的薪酬和软硬环境支持。推动科研成果收益分配、股权激励、产权处置等向优秀人才倾斜，建立充分体现智力劳动和服务劳动价值的分配导向，让科技人员的智力劳动得到合理回报，赋予科研人员更大的科研自主权、人财物支配权和技术路线决策权。

三是完善科技创新管理体制，推动成果产业化。完善科技创新管理，特别是科技成果处置权和收益权制度，优化科技政策供给，促进创新链、产业链和市场需求有机结合，形成推进创新的合力。实施技术转移行动计划，通过完善知识产权许可和管理、加强技术转移机构建设等政策法规和措施，推进财政资金支持的技术成果转移和产业化，大幅度提高科技成果转化率。

（执笔人：盛朝迅）

参考文献

1. 费洪平，等. 实体经济发展困境解析及对策［N］. 经济日报，2017-2-27.

2. 付保宗. 我国产业迈向中高端阶段的技术创新特征与政策建议；中国产业发展报告2017［M］. 北京：经济科学出版社，2017.

3. 怀仁，李建伟. 我国实体经济发展的困境摆脱及其或然对策［J］. 改革，2014（2）：12-27.

4. 黄群慧. 打牢实体经济发展的根基［J］. 求是，2016（4）.

5. 李伟. 把创新主战场放在实体经济上［N］. 经济日报，2017-4-14.

6. 刘志彪. 科学认识和把握当前经济热点问题［N］. 人民日报，2016-11-2.

7. 苗圩. 我国制造业如何由大变强［N］. 中国工业报，2015-7-14.

8. 沈坤荣，赵倩. 创新发展与中国经济增长动力机制的重构［J］. 南京社会科学，2017（5）：11-16.

9. 盛朝迅，任继球，李淑华. 如何振兴实体经济？［J］. 形势要报，2016（105）.

10. 陶武先. 转型升级背景下的实体经济发展探析［J］. 经济体制改革，2012（4）：5-9.

11. 王昌林，姜江，韩祺. 振兴实体经济走什么路？［J］. 调查研究建议，2017（1）.

12. 杨晓龙. 我国实体经济实现转型发展的路径选择［J］. 学术交流，2012（5）：55-59.

13. 魏江，李拓宇，赵雨菡. 创新驱动发展的总体格局、现实困境与政策走向［J］. 中国软科学，2015（5）：20-30.

14. 张银银，邓玲. 创新驱动传统产业向战略性新兴产业转型升级：机理与路径［J］. 经济体制改革，2013（5）：97-101.

15. 张来武. 论创新驱动发展［J］. 中国软科学，2013（1）：1-5.

16. 赵昌文，朱鸿鸣. 如何建立一个创新导向型的经济结构？［J］. 新华文摘，2017（11）：44-48.

专题报告三

服务业落实新发展理念、推动实施创新驱动发展战略的成绩、问题和对策研究

内容提要： 创新、协调、绿色、开放、共享五大发展理念是新时期引领我国经济转型和产业升级的根本思路，实施创新驱动发展战略是提高促进经济增长方式转变和新旧动能转换的根本出路。服务业作为当前拉动经济增长和推动产业转型的主要动力，党的十八大以来在贯彻落实新发展理念、推动实施创新驱动发展方面成绩斐然，但也依然存在显著的短板问题和深入发展、转型升级的空间。今后一个时期，要坚持以新发展理念为引领，以问题和目标为导向，以创新为基点、以改革开放为关键举措，构建优质高效、充满活力、竞争力强的现代服务产业体系，突破制约、激发活力、加快转型，进一步发挥服务业引领经济转型和保障民生的关键性作用。

改革开放以来，我国服务业在规模总量、结构优化、对外开放等方面取得了长足进展。2011年，服务业就业占比首次超过第一产业，成为就业

比重最大的行业；2012年，服务业的增加值占比首次超过第二产业，成为三次产业中增加值比重最大的行业，服务业对经济增长、社会发展、保障就业的引擎式拉动作用不断凸显。但总体上看，服务业创新能力弱，结构性失衡突出，资源利用粗放，对外开放程度低，保障民生能力不强，服务业面临转型升级的迫切任务。

创新、协调、绿色、开放、共享五大发展理念，是引领我国经济转型和产业升级的根本思路；实现创新驱动发展，是我国经济转型的重要途径和目标。今后一个时期，必须围绕服务业实现创新驱动发展目标，深入贯彻落实五大发展理念，创新体制机制，强化政策支持，营造良好环境，促进服务业加快发展，提高发展素质和水平。

一、服务业落实新发展理念、推动实施创新驱动发展战略取得的成绩

新发展理念及其核心内涵指引出的主要指标和特征表现，是分析服务业落实新发展理念的基础框架（参见表3-1所示）。党的十八大以来，在新发展理念的指引下，我国服务业保持良好发展态势，成为拉动经济增长的主动力、产业转型的主支撑。服务业在贯彻落实创新、协调、绿色、开放、共享五大发展理念，推动实施创新驱动发展方面取得了明显成绩。

表3-1　新发展理念的核心内涵和主要指标及特征表现

发展理念	核心内涵	主要指标和特征表现
创新发展	创新是引领发展的第一动力。坚持把创新摆在国家发展全局核心位置，推进理论创新、制度创新、科技创新、文化创新等各方面创新	（1）新业态新模式 （2）研发技术投入 （3）科技创新成果

（续表）

发展理念	核心内涵	主要指标和特征表现
创新发展	创新是引领发展的第一动力。坚持把创新摆在国家发展全局核心位置，推进理论创新、制度创新、科技创新、文化创新等各方面创新	（1）新业态新模式 （2）研发技术投入 （3）科技创新成果
协调发展	协调是持续健康发展的内在要求。重点促进城乡区域协调发展，促进经济社会协调发展，促进新型工业化、信息化、城镇化、农业现代化同步发展，增强发展整体性	（1）产业内部结构 （2）传统产业利用现代技术改造升级
绿色发展	绿色是永续发展的必要条件和人民对美好生活追求的重要体现。坚持走生产发展、生活富裕、生态良好的文明发展道路，建设资源节约型、环境友好型社会，形成人与自然和谐发展的现代化建设新格局	（1）产出效率 （2）能耗环保 （3）集聚发展
开放发展	开放是国家繁荣发展的必由之路。坚持内外需协调、进出口平衡、引进来和走出去并重、引资和引技引智并举，发展更高层次的开放型经济	（1）进出口贸易 （2）利用外资 （3）对外投资
共享发展	共享是中国特色社会主义的本质要求。坚持发展为了人民、发展依靠人民、发展成果由人民共享，使全体人民在共建共享发展中有更多获得感	（1）吸纳就业 （2）消费升级和公共服务 （3）产业扶贫

（一）创新发展：新兴业态层出不穷，创新能力稳步提升

创新发展主要表现在新业态新模式、研发技术投入和科技创新成果等方面。近年来，我国服务业贯彻创新发展理念，创新能力稳步提升。

一是服务业领域的新业态、新模式不断涌现。随着互联网等新技术的深入应用，基于大数据、云计算、物联网的服务应用和创新日益活跃。创意设计、远程诊断、系统流程服务、设备生命周期管理服务等新业态发展迅速，为制造业转型升级提供了有力支撑。“互联网+”、生态旅游、休闲养老、远程教育、数字家庭、智慧社区等新的服务模式快速发展，拓展了消费渠道。2012年，我国电子商务和网络零售市场交易额分别为7.85万亿元和1.32万亿元，到2016年，交易规模分别达到22.79万亿元和5.3万亿元，

分别增长了193%和302%（参见图3-1所示）[1]。2012年，滴滴打车创立上线，短短几年，日订单量已达2500万。在线旅游领域，途牛出游人数从2012年的84.9万人次迅猛增长到2016年的673.9万人次（参见图3-2所示）。

二是服务业的研发投入力度不断加强、科研成果不断涌现。数据显示，我国企业研发投入占销售收入的比重总体上呈上升趋势，从2008年的4.7%上升到2014年的6.7%。其中，信息传输、软件和信息技术服务业的企业研发投入占销售收入的比重最高，年度平均值为17.6%[2]。2015—2016年，软件和计算机服务行业的研发投入增长率为38.3%[3]。根据北京市开展的全国企业创新调查显示，2014年，北京市金融业，信息传输、软件和信息技术服务业，以及科学研究和技术服务业中，有创新活动的企业比重

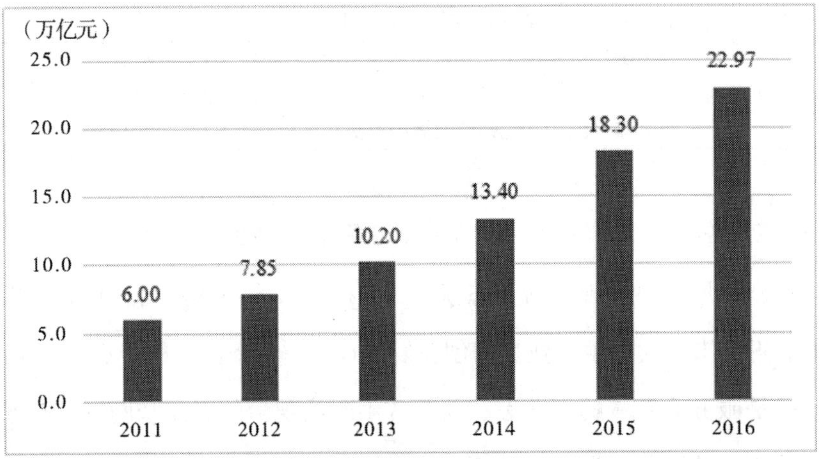

图3-1 2011—2016年中国电子商务市场交易规模

[1] 数据来源于中国电子商务研究中心发布的年度《中国电子商务市场数据监测报告》。

[2] 中国企业家调查系统. 新常态下的企业创新：现状、问题与对策——2015·中国企业家成长与发展专题调查报告［J］. 管理世界，2016（6）；中国企业家调查系统. 企业进入创新活跃期：来自中国企业创新动向指数的报告——2016·中国企业家成长与发展专题调查报告［J］. 管理世界，2016（6）.

[3] 欧盟产业研发投入计分板发布 全球态势一览无遗［OL］. 凤凰网，2016-12-31.

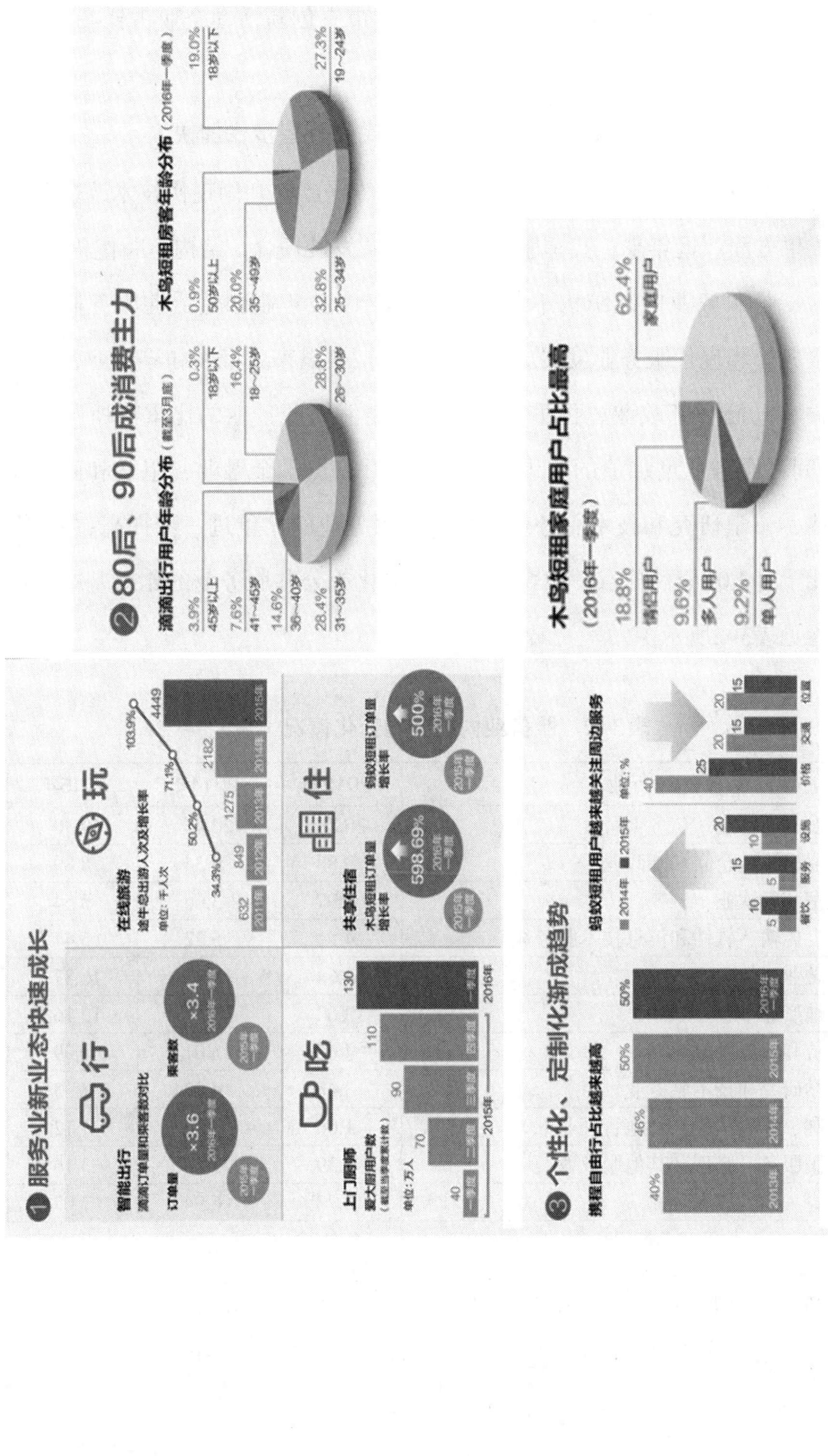

图3-2 近年来服务业新业态发展情况

分别为73.9%、67%和47.8%，明显高于全市有创新活动企业占比43.2%的水平[1]。

（二）协调发展：内部结构不断优化，现代化转型步伐加快

协调发展主要表现在产业内部结构、传统产业利用现代技术改造升级等成果方面。近年来，我国服务业贯彻协调发展理念，结构不断优化。

一是服务业内部结构不断优化，生产性服务业和生活性服务业、传统服务业和现代服务业发展更加协调。2012年以来，批发和零售业，交通运输、仓储和邮政业，住宿和餐饮业等生活性服务业的比重有所下降，3年间占服务业增加值的比重下降2.85个百分点；金融业，租赁和商务服务业，科学研究和技术服务业等生产性服务业的比重进一步提高，3年间占比上升3.01个百分点；教育、卫生、文化等公共服务业的比重基本稳定（参见表3–2所示）。

表3–2　服务业内部结构变化情况（%）

行业	2012年	2014年	2015年
批发和零售业	20.73	20.46	19.30
交通运输、仓储和邮政业	9.88	9.34	8.89
住宿和餐饮业	3.97	3.66	3.54
信息传输、软件和信息技术服务业	4.91	5.22	5.41
金融业	14.64	15.30	16.87
房地产业	13.00	12.46	12.16
租赁和商务服务业	4.66	5.01	4.99
科学研究和技术服务业	3.48	4.02	3.93
水利、环境和公共设施管理业	1.06	1.14	1.12
居民服务、修理和其他服务业	3.39	3.18	3.16
教育	6.73	6.94	7.07

[1] 2014年北京市全国企业创新调查系列分析［OL］. 北京市统计局网站，2015–10–21.

（续表）

行业	2012年	2014年	2015年
卫生和社会工作	3.73	4.17	4.36
文化、体育和娱乐业	1.47	1.40	1.44
公共管理、社会保障和社会组织	8.36	7.71	7.76

资料来源：国家统计局。

二是传统服务业利用现代技术加以改造升级，提高服务效率和精准化水平，加速向现代服务业转型。例如，批发和零售业依托互联网技术，加快线上线下融合发展的商业模式创新，向电子商务等新业态转型。交通运输、仓储和邮政业应用物联网、大数据技术，物流信息化建设加快推进，运输服务效率得到大幅提升（参见专栏3-1所示）。

专栏3-1　我国物流业信息化建设成效显著

近年来，传统物流业加快信息化建设，物流业的管理水平和服务效率得到大幅提升。

一是信息化投资逐年增长。当前，市场投资方向正处于调整的关键时期，信息化相关投资显著增长。2015年，物流信息化监测显示，物流企业在信息化上的投资力度加大。当年大部分企业都有信息化方面的投资，其中，三分之一企业的信息化投资率超过10%。除构建内部信息系统外，越来越多的企业将物联网、大数据、云计算等新技术作为信息化建设的投资重点。物流信息化已经渗透到物流业的各个环节和领域，为物流互联网转型奠定了信息基础。

二是新技术加快推广应用。当前，正是新一轮科技革命孕育时期，物联网、云计算、大数据等新兴技术在物流行业得到推广应用。嵌入物联网技术的物流设施设备快速发展，车联网技术从传统的车辆定位向车队管理、车辆维修、智能调度、金融服务延伸。云计算服务为广大中小企业的信息化建设带来利好。大数据分析帮助快递企业预测运力需求，缓解了“双11”等高峰时期的“爆仓”问题，各项新技术在物流领域的应用取得积极成效。

三是信息技术应用成效显著。近年来，货物跟踪定位、无线射频识别、电子数据交换、可视化技术、移动信息服务、智能交通和位置服务等先进信息技术在物流行业的应用效果明显。2015年，物流信息化监测显示，物流企业信息化应用KPI（关键绩效指标）表现突出，平均订单准时率达到93.5%，80%的企业订单准时率超过90%。88.9%的企业实现了对自有车辆的追踪，89%的企业实现了全程透明可视化。良好的应用效果为新技术的推广应用提供了重要支撑。

四是“互联网+”赋予行业新使命。随着“互联网+”战略的提出，物流信息化发展的重点正在从技术创新向模式变革和产业升级层面转移。跨界竞争、共享经济、智慧物流、联动融合、互联网平台等新模式、新业态为物流信息化提供了广阔的发展空间。“互联网+高效物流”利用信息通信技术和互联网思维，推动互联网与物流业实现广泛联接和深度融合，重构产业流程，提升运行效率，将创造开放共享、合作共赢的发展新生态。

五是平台经济成为发展亮点。近年来，利用互联网手段整合分散资源，发挥集约集聚效应成为行业趋势。资源平台化、运力社会化成为平台经济发展的方向。菜鸟网络、京东商城、安得物流、中国物通网等平台型企业借助互联网络实现模式复制和业态创新。特别是在市场不集中、信息不对称的公路货运行业成为平台经济的热点领域，货运互联网平台一度达到200多家。随着平台经济从简单的车货匹配向更具价值的无车承运模式转变，物流领域的互联网平台将进入产业平台化的新阶段。

（三）绿色发展：产出效率稳步提升，集聚和环保成效显著

绿色发展主要表现在产出效率、能耗环保、集聚发展等方面。近年来，我国服务业贯彻绿色发展理念，集约节约程度显著提高。

一是人均产出稳步提高。2012年我国单位就业人员创造的服务业增加值为8.84万元，2016年达到11.38万元，增长了28.7%（参见图3-3所示）。

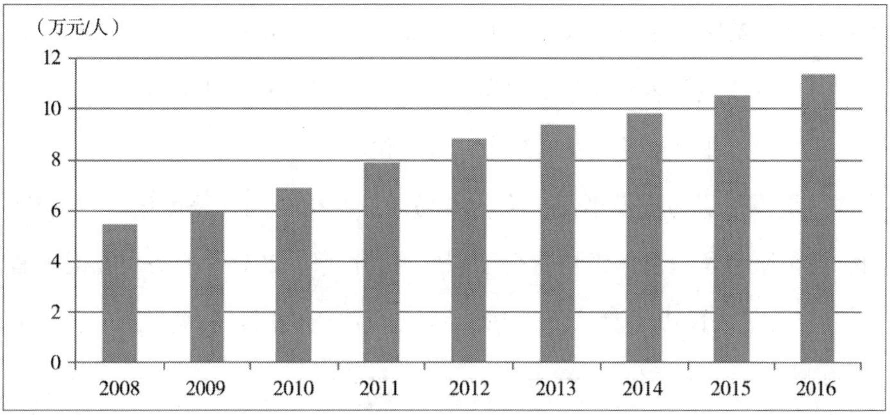

图3-3　单位就业人员创造的服务业增加值

资料来源：国家统计局。

二是能源消耗逐步下降。2012年，服务业单位增加值的能耗为0.2443吨标准煤/万元，低于工业1.2644吨标准煤/万元的单位能耗平均水平。2015年，服务业单位增加值的能耗进一步下降至0.2184吨标准煤/万元。服务业本身的节能环保直接促进了全社会节能。相关研究表明，我国产业结构的调整优化对我国节能减排有积极贡献，产业结构的演进系数每提高1个单位，单位能耗下降0.03吨油/万元，单位GDP碳排放下降0.03吨碳/万元。未来20 ~ 30年，产业结构的改善对国家低碳发展至关重要，贡献度可能达到60%[1]。

[1] 数据来源于商务部服务贸易和商贸服务业司。

三是集聚发展更加明显。服务业更多地向园区、街区、特色小镇集中，集聚带来的成本和学习效应进一步凸显。许多地方把服务业集聚区建设作为推进服务业发展、优化产业空间格局的抓手，如北京市2006年认定首批10个文化创意产业集聚区，2013年又授予北京金融街等8个园区为“北京市总部经济集聚区”称号、北京商务中心区等6个园区为“北京市商务服务业集聚区”称号。

（四）开放发展：对外开放加快推进，国际竞争力有所提高

开放发展主要表现在进出口贸易、对外投资、利用外资等方面。近年来，我国服务业贯彻开放发展理念，国际化水平明显增强。

一是服务贸易规模迅速扩大，贸易产业结构得到显著优化。过去5年间，我国服务贸易总额维持着高于12%的增长率，2016年服务贸易总额首次突破5万亿人民币（参见图3-4所示），仅次于美国，列世界第二位；服

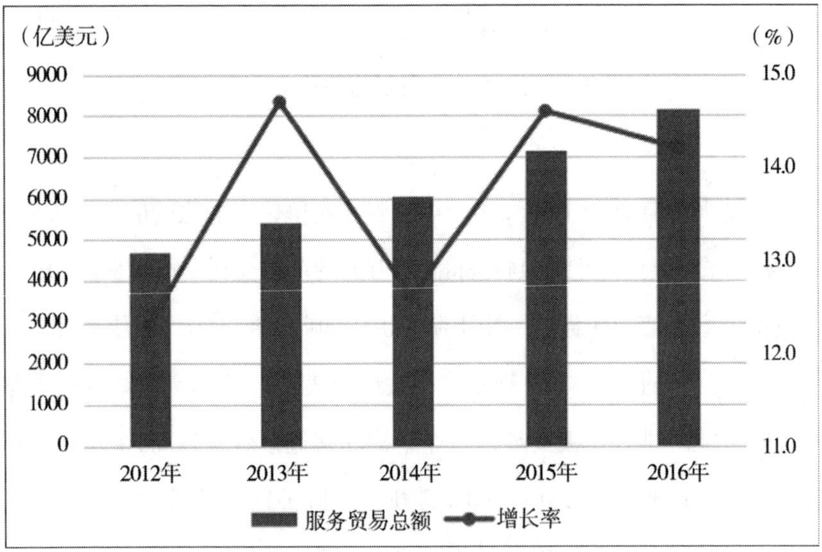

图3-4 我国服务贸易总额及增长情况

资料来源：国家统计局。

务贸易占对外贸易总额的比重从10.9%升至18%。从贸易结构来看，相比旅游、运输、建筑三大传统行业，金融、信息等高附加值的新兴产业增幅更加显著，在服务贸易总额中的比重呈现上升态势，成为服务贸易结构调整的重要推动力。服务外包产业发展卓有成效，2014年承接服务外包合同金额突破1000亿美元，服务外包产业向价值链高端延伸。离岸外包比重逾70%，市场覆盖范围由美欧日等传统市场拓展至东南亚、大洋洲、拉美、非洲以及“一带一路”沿线国家等新兴市场。

二是服务业利用外资的规模逐年扩大。“十二五”期间，服务业实际利用外资的年均增长率超过8.6%，占实际利用外资总额的比重由50.2%增长至64.3%，2016年达到了66.6%；对外直接投资的年均增长率超过10%，占对外直接投资总额的比重维持在63%以上（参见图3-5所示）。2016年，我国高技术服务业实际利用外资的规模达到955.6亿元，占服务业利用外资总额

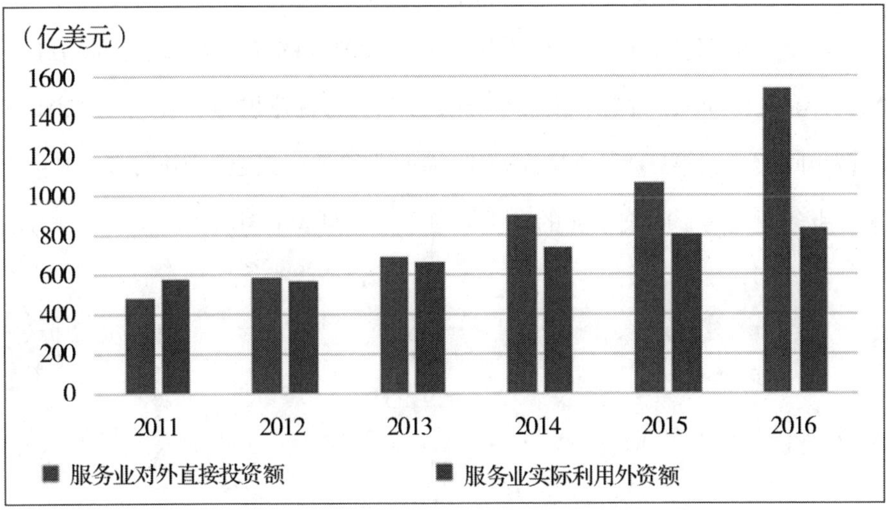

图3-5　我国服务业对外投资和利用外资情况

资料来源：国家统计局。

的16.7%；信息传输、软件和信息技术服务以及科学研究和技术服务业的对外投资总额达到563.7亿美元，占当年非金融对外投资总额的33.1%[1]。

三是服务业对外投资的规模迅速攀升，“中国服务”进一步加快“走出去”的步伐。2012年起，我国服务业对外直接投资开始超过实际利用外资，成为服务业的资本净输出国，对外直接投资和实际利用外资之间的差额呈现加速增大态势（参见图3–5所示）；服务业并购规模于2014年首次超过制造业，成为我国对外并购的主体；品牌输出、行业标准输出和技术输出的潜能不断释放，相关产业在全球价值链中的地位持续提高[2]。

（五）共享发展：就业的蓄水池功能增强，保障民生能力增强

共享发展主要表现在吸纳就业、消费升级和公共服务支撑、产业扶贫等方面。近年来，我国服务业贯彻共享发展理念，保障民生水平大幅增强。

一是吸纳就业能力进一步增强。2011年，服务业就业的比重首次超过农业达到35.7%，2016年比重提高到43.5%（参见图3–6所示）。服务业就业增量占全部就业增量的比重从1991—2001年的106.58%跃升到2011—2015年的538.99%，同时始终大于第二产业的就业增量占比，与2001—2011年间第二、第三产业同时承担吸纳就业的“双渠道”不同，2011年以来，服务业成为了吸纳就业的“主渠道”（参见表3–3所示）。

[1] 数据来源于商务部外国投资管理司。

[2] 数据来源于商务部对外投资和经济合作司。

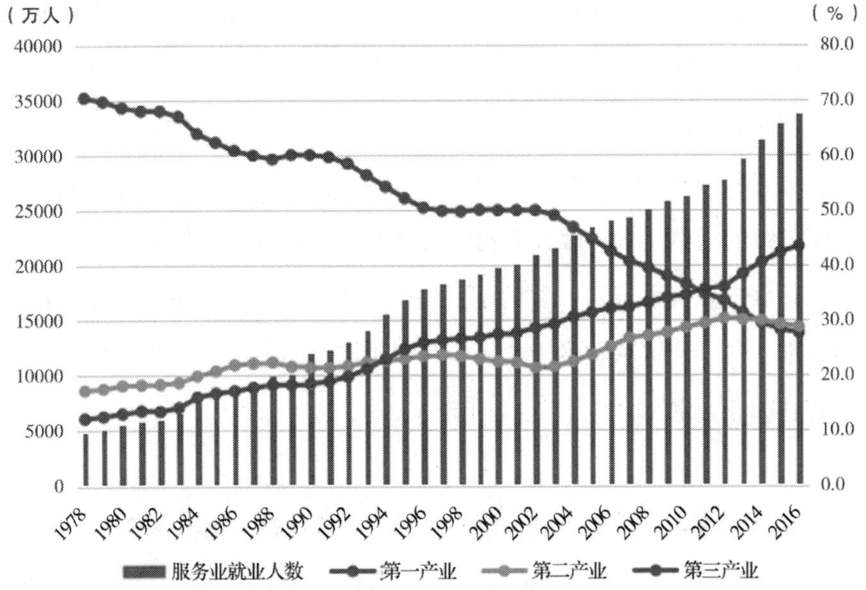

图3-6　我国三次产业就业比重和服务业就业人数

资料来源：国家统计局。

表3-3　我国三次产业就业人数增量情况

时期	就业人员增量（万人）	第一产业就业增量（万人）	第二产业就业增量（万人）	第三产业就业增量（万人）	第一产业就业增量占比（%）	第二产业就业增量占比（%）	第三产业就业增量占比（%）
1991—2015年	11960	-17879	8678	20461	-149.49	72.56	171.08
1991—2001年	7306	-2699	2219	7787	-36.94	30.37	106.58
2001—2011年	3623	-9805	6310	7117	-270.63	174.17	196.44
2011—2015年	1031	-4675	149	5557	-453.44	17.89	538.99

资料来源：根据《中国统计年鉴》数据整理计算。

二是服务业对消费升级和公共服务的支撑力度更加显著。随着居民收入水平的提高，消费结构从以物质消费为主转向以服务消费为主，服务消费成为居民消费的主要领域和新增长点。2016年，全国居民服务消费的占比也达到54.4%[1]，比2010年提高了11个百分点。2012年，国内旅游人数29.57亿人次，国内旅游收入2.27万亿元；2016年，国内旅游人数和旅游收入分别增长到44.4亿人次和3.9万亿元。正是文化、旅游、体育、健康、养老、教育等服务业的快速发展，提供了更加优质的服务产品，才能满足居民不断升级的消费需求，服务业发展成为惠及民生的主要力量。

三是服务业发展成为扶贫的重要途径。旅游、家政、电子商务等行业成为精准扶贫、产业扶贫的重要手段，吸纳了大量剩余劳动力的同时，带动了百姓创业致富（参见专栏3-2所示）。

专栏3-2 服务业成为精准扶贫、产业扶贫的重要途径

案例一：湖南旅游扶贫精准施力，助推瑶寨全面小康。湖南省江永县兰溪瑶族自治乡勾蓝瑶寨是“十二五”期间国家扶贫开发重点村，全村瑶族人口占95%，辖13个村民小组364户1516人，共有耕地1751亩、山林8000余亩。截至2013年，全村仍有贫困户120户412人，人均收入只有2298元。近年来，该村依托秀美的山水资源、深厚的文化底蕴、独特的民俗风情，大力推进乡村旅游精准扶贫工程，走出了一条发展旅游助推全面小康的新路。2015年，勾蓝瑶寨成功创建国家3A级旅游景区，接待游客5万余人次，村集体增收34万元，村民人均收入比上年度增加1350元，全村贫困户实现全部脱贫。该村相继被评为中国历史文化名村、全国文明村、湖南省最美少数民族特色村寨、湖南省历史文化名村、湖南省文物保护单位、永州市民族团结进步和生态文明示范村。

（资料来源：湖南省旅游发展委员会）

[1] 根据国家统计局数据，服务消费主要包括居住、交通通信、教育文化娱乐和医疗保健支出。

案例二：福建“巾帼精准脱贫家政培训项目”，助力妇女脱贫。福建省针对现有建档立卡贫困人口中妇女占将近一半的情况，启动“巾帼精准脱贫家政培训项目”。2016年，福建省妇联与南平市政府签订了《关于共同促进家政服务业发展战略合作协议》，建设“闽姐姐”家政服务品牌，在南平市松溪县开展精准脱贫家政培训班，帮助下岗女职工培训职业操守、家政服务、育婴、老人护理、法律常识等课程，并安排赴医院、工厂等现场教学。当年累计培训了5期共453人，落实就业105人。经过培训，从事家政服务行业的下岗女职工可以达到每月约7000多元的收入，相比于过去一家5～6口人一年才有1万～2万元的收入来说，生活得到了很大的改观。

（资料来源：福州市家庭服务业协会）

案例三：京东开展电商精准扶贫，形成全面的产业生态扶贫体系。京东联合地方政府、当地企业共同构建区域特产发展链条，促进当地农副产品产业升级，做好农产品上线工作，帮助贫困县将农副产品卖出好价钱，卖出品牌，促使贫困群众普遍受益。已与近百个国家级贫困县签署了战略合作协议，帮助超过60个贫困县在京东建立地方特色馆，上线单品超过1万个，每月销售额超过2000万元；京东帮助贫困地区优质农副产品打出品牌、开拓市场，促进县域经济发展。例如与广西百色市政府合作，推出京东百色芒果节，上线完成近万单的销售工作，整个芒果节销售额近30万元。

（资料来源：根据京东网站公开资料整理）

二、服务业落实新发展理念、推动实施创新驱动发展战略存在的问题

总体上来看，我国服务业的发展质量和素质不高，规模比重较小，创新能力和国际竞争力弱，发展方式还比较粗放，与新发展理念的要求有很大差距。

（一）创新发展方面：劳动生产率偏低，创新能力偏弱

一是劳动生产率偏低。2016年，我国服务业劳动生产率为11.38万元/人，第二产业劳动生产率为13.25万元/人，服务业劳动生产率比第二产业低了15%左右。

二是服务业创新密度偏低，创新型企业偏少。根据2014年全国企业创新调查，2013—2014年，在我国64.6万家规模（限额）以上企业中，有26.6万家企业开展了创新活动，占41.3%。分行业看，工业和服务业企业中有创新活动的企业分别为17.7万家和8.4万家，所占比重分别为46.8%和32.6%。路透社Clarivate Analytics发布的 2016年中国创新企业百强中，服务业企业（媒体与互联网、计算机软件、电信服务）仅有11家，与制造业的差距甚大（参见表3–4所示）。

表3–4 Clarivate Analytics 发布的2016年中国创新企业百强

企业名称	所在省份	所属行业
阿里巴巴	浙江	媒体与互联网
百度	北京	媒体与互联网
方正集团	北京	计算机软件
汉王	北京	计算机软件
奇虎360	北京	媒体与互联网

（续表）

企业名称	所在省份	所属行业
清华同方	北京	计算机软件
软控股份	山东	计算机软件
腾讯	广东	媒体与互联网
小米	北京	媒体与互联网
中国移动	北京	电信服务
紫光	北京	计算机软件

资料来源：根据网站公开资料整理。

（二）协调发展方面：结构性失衡突出，现代化程度偏低

服务业协调发展的问题主要体现在内部结构性失衡突出和现代化程度低、进展慢、见效小。生产性服务业发展不足，生活性服务业素质不高，特别是近年来房地产业和金融业占比过高，服务业占比上升蕴含着结构虚高的现象。2005—2015年，我国房地产业和金融业的增加值占GDP的比重上升了6个百分点，同期其他服务业的比重只上升了3个多百分点（参见图3-7所示）。近年来美国、日本的金融业和房地产业的增加值占GDP的比重维持在16%～18%，但其服务业整体占比已超过70%（目前我国房地产业和金融业的增加值占服务业的比重超过30%，美国这一比例在24%左右，日本在22%左右）。我国房价过快上涨和部分地区房地产库存大，以及互联网金融迅猛发展与融资难融资贵等现象，说明了房地产和金融业快速发展的同时，对实体经济的服务支撑作用不够；而我国服务业占比快速提高的主要原因是金融业和房地产业规模的迅速扩大，这一现象背后可能隐藏着的泡沫风险更加值得我们警惕。

此外，传统服务业的改造提升步伐缓慢，服务业现代化水平相对较低。以物流业为例，目前中国已经开始信息化建设的物流企业中，80%左右仍处于初级建设阶段，仅有约5%的极少数物流企业开始进入信息化全面

建设阶段。

图3–7　我国房地产业与金融业、其他服务业占GDP比重的变化情况

资料来源：国家统计局。

（三）绿色发展方面：投资产出效率下滑，集约化水平有待提高

一是投资效率呈逐步下滑态势。单位固定资产投资创造的服务业增加值从2008年的1.51元，下降至2012年的1.19元，2016年进一步降低为1.08元（参见图3–8所示）。

二是一些领域过度投资、盲目投资可能形成过剩产能。近年来，各地区冠以电子商务、现代物流、文化创意、会展等名目的园区建设，以及以养老服务、健康服务、旅游度假为名的房地产项目，层出不穷，过剩产能有从工业向服务业转移的苗头，需要引起警惕[1]。房地产库存过剩也充分说明了这一问题，2016年全国办公楼市场待售面积为0.36亿平方米，同比增长10.8%；商业营业用房待售面积1.58亿平方米，增长8.0%。重庆、

[1] 卓贤. 服务业的结构性变化 服务业比重提高并不必然意味着产业结构优化［N］. 21世纪经济报道，2016–7–29.

成都、沈阳等城市的写字楼空置率居高不下，空置率普遍在40%左右的高位[1]。

三是浪费、污染等行为仍然存在。以快递行业为例，快递行业迅猛发展的同时，带来了快递包装物料的极大消耗。国家邮政局数据显示，2016年我国快递业务量达312.8亿件，按此推算，全国需消耗塑料编织袋29.6亿个、塑胶袋82.6亿个、包装箱99亿个、胶带169.5亿米、避免撞击的缓冲物29.7亿个。快递业全年消耗的胶带长度，甚至可以绕地球赤道425圈。过度包装、缺乏回收管理和大量包装材料的一次性使用，不但造成了资源浪费，对水土环境的污染亦不容小觑[2]。目前城市中心区混入清运生活垃圾中的快递包装垃圾占到清运生活垃圾的15%左右，而快递包装垃圾的增量在清运生活垃圾的增量中占比超过九成。餐饮服务业的粮食浪费和油烟污染、旅游业中的资源破坏和过度开发等现象也时有发生。

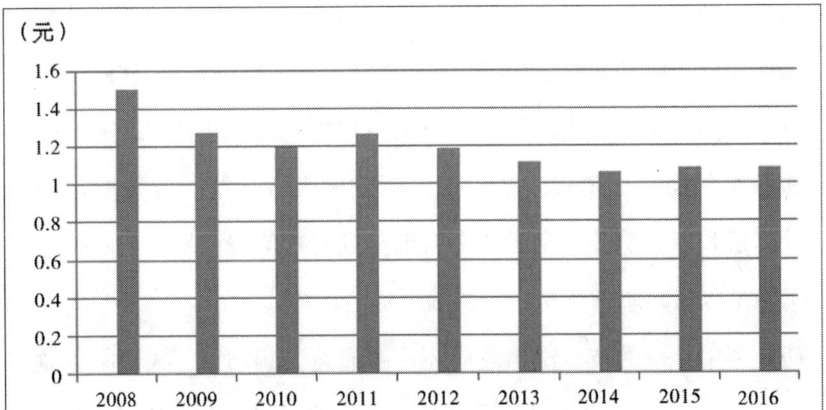

图3–8　我国单位固定资产投资创造的服务业增加值

资料来源：国家统计局。

[1] 中国指数研究院，中国房地产指数系统. 2016中国商业地产市场发展年报［R］. 2017–2–17.

[2] 张俊达. 快递包装浪费严重 多数材料废品回收站都不要［N］. 城市信报，2016–4–8.

（四）开放发展方面：服务贸易逆差大，国际竞争力不强

一是服务贸易的相对规模较低。我国服务贸易的总额虽然在总量和增长幅度上较为可观，但在对外贸易总额中的比重还有待进一步提高。2016年，我国服务贸易的规模占对外贸易总额的18%，低于2005年美国21.5%的水平，也低于2015年全球23%的平均水平[1]。

二是服务贸易逆差呈不断扩大趋势。服务贸易逆差由2012年的897亿美元增长至2016年的2213.2亿美元（参见图3–9所示），增幅达146.7%。逆差的迅速扩大来自于服务进口、出口的不同发展态势。2012—2016年，服务贸易进口增长率大多远高于出口增长率。2016年进口增长率甚至高达21.5%，相比之下，出口增长率仅为2.3%（参见图3–10所示）[2]。

三是服务贸易结构不平衡。传统服务贸易的比重依然较高，高附加值服务贸易的增长趋势不平稳且比重较低。旅游和运输服务这两大传统行业的占比从2014年的58.9%上升至2016年的68.5%，金融服务、保险服务、通信计算机和信息服务等高附加值行业的占比则从2014年的11.3%降至8%。由于服务贸易逆差主要集中于旅游、运输服务等传统服务领域，即便通信、计算机和信息服务、金融业、咨询等高附加值服务贸易的顺差增长迅速，仍不足以扭转服务贸易逆差持续增加的趋势[3]。

四是利用外资的技术溢出效应还不够显著。2016年，我国服务业实际利用外资的规模达到838.9亿美元，其中，房地产和金融业利用外资总额占比达到35%，但技术含量较高的生产性服务业和高技术产业比重较低，信息、计算机软件服务业占比刚刚达到10%，科学研究和技术服务业占比不

[1] World Trade Organization: *Trade Profiles 2016*.

[2] [3] 数据来源于商务部服务贸易和商贸服务业司。

足8%[1]。外资进入我国服务业并没有带来显著的技术溢出效应，其关键技术和先进的管理模式并未随着资金注入而转让给国内的企业，反而对批发零售、信用审计等领域的本土企业造成了巨大的直接冲击，并引发潜在的产业安全风险[2]。

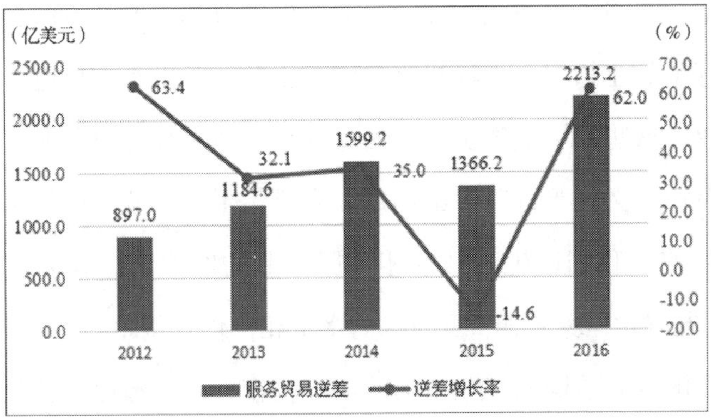

图3-9　我国服务贸易逆差变化情况

资料来源：国家统计局。

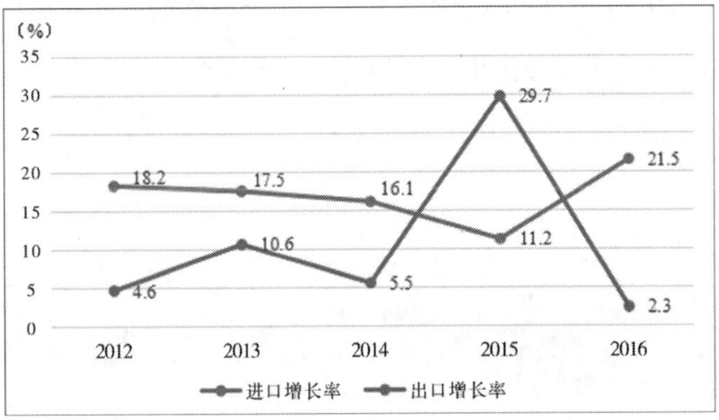

图3-10　我国服务贸易进出口增长情况

资料来源：国家统计局。

[1] 数据来源于商务部外国投资管理司。

[2] 纪宝成，李陈华. 我国流通产业安全：现实背景、概念辨析与政策思路［J］. 财贸经济，2012（9）；王爱琪. 外资审计风险控制的探讨［J］. 审计月刊，2005（11）.

（五）共享发展方面：民生相关服务业发展滞后，就业结构偏离明显

一是与民生相关的服务业发展滞后，制约了人民消费升级和改善民生的需求。我国服务业领域改革涉及面广，垄断行业的改革主要涉及金融、电信、航空、铁路等服务业行业，事业单位的改革主要涉及教育、医疗、科研机构等服务业领域，市场机制的完善主要涉及供水、供电、供气等公共服务行业。这些领域改革步伐缓慢，导致民生和社会服务业，特别是优质教育、医疗、文化等行业供给不足，满足不了人民消费升级和改善民生的需求。目前，我国民生和社会相关服务业的增加值占服务业的比重为23%左右，与发达国家普遍高于30%的水平相比仍有差距[1]。

二是我国就业结构和产业结构的偏离度较大。服务业的就业结构滞后于产业结构，突出表现为：与服务业的增加值相比，我国服务业就业人员的占比偏低，2016年三次产业的增加值之比为8.6：39.8：51.6，就业结构之比为28.3：29.3：42.4。就业比重偏低，服务业创造就业和居民收入的空间受到限制，影响了服务民生能力和共享发展水平。

[1] 1979—2005年，经济合作组织（OECD）国家教育医疗、文化娱乐、家庭服务、公共服务等民生和社会服务业的增加值占服务业增加值的比重在30.5%～34.5%。2014年，我国居民服务维修和其他服务业、教育、卫生和社会工作、文化体育和娱乐业、公共管理、社会保障和社会组织等民生和社会服务业的增加值占服务业增加值的比重为23.2%。

三、服务业落实新发展理念、推动实施创新驱动发展战略的思路与建议

（一）服务业落实新发展理念、推动实施创新驱动发展面临的新形势与新挑战

党的十八大以来，创新、协调、绿色、开放、共享的发展理念已形成广泛共识、深入人心，我国服务业在总量规模、结构优化、技术创新、对外开放、体制改革等各个方面取得了明显成效，发展方式转变正在有序推进，落实新发展理念、推动实施创新驱动发展的基础更加牢固。

全球服务经济深入发展，发达国家在20世纪60年代完成了工业经济向服务经济的转换，发展中国家从90年代开始向服务经济转型，我国服务业已经成为国民经济中比重最高、吸纳就业最大的行业，服务业成为我国利用外资的主战场，服务业消费成为居民消费的主要领域。

新一代信息、人工智能等技术不断突破和广泛应用，加速服务业的内容、业态和商业模式创新，推动服务网络化、智慧化、平台化，新一轮科技革命引发服务业创新升级。未来5年，服务业在经济社会发展中的地位和作用有望进一步提升，服务业的发展质量效益关系到整个经济的发展方式转变，因此，推动服务业落实新发展理念、实现创新驱动发展更为紧迫。

与此同时，服务业落实新发展理念、实施创新驱动发展仍面临诸多制约和挑战。从国内来看，服务业改革开放不够、体制机制障碍多，统一开放、公平竞争的市场环境尚不完善。长期以来，我国服务业领域的改革滞后，集中表现在以国有企业为主的“三供一业”和主辅分离不到位、事业单位改革缓慢、部分行业对内对外开放度不够，制约了服务业持续快速健

康发展。由于改革滞后，当前我国生产性服务业的发展不能满足制造业转型升级的需要，生活性服务业的发展不能满足人民群众消费升级的期待；服务业整体素质偏低，对人才、科技、资金等要素的集聚度和吸引力不强，对创新驱动发展的支撑不强；服务业增加值的比重仍低于世界平均水平，整体上处于国际分工的中低端环节，竞争力弱。

从国际来看，全球经济增长乏力，市场需求扩张有限，服务业领域的国际投资和贸易活动低迷；发达国家服务业竞争力强，在金融、科技等诸多服务业领域形成了国际竞争规则、抢占了话语权，贸易保护主义有所强化，贸易摩擦更多和投资审查更严，影响了我国服务业创新发展、开放发展的空间。

（二）服务业落实新发展理念、推动实施创新驱动发展战略的总体思路

未来5年是落实新发展理念、推动创新驱动发展战略实施的攻坚期和深水期，也是我国服务业提升发展素质水平、增强国际竞争力的关键阶段，必须进一步牢固梳理和贯彻落实新发展理念，适应把握引领经济发展新常态，以提高质量和核心竞争力为中心，坚持以创新为基点、以改革开放为关键举措，努力构建优质高效、充满活力、竞争力强的现代服务产业新体系，推动服务业转型升级，增强创新驱动发展动力，以创新、开放带动协调、绿色、共享发展。

坚持把发展基点放在创新上，营造良好创新环境，深入推进大众创业、万众创新，促进新技术、新产业、新业态、新模式蓬勃发展，增强服务业发展新动能。

把改革开放作为关键举措，打破制约服务业发展的体制机制障碍，顺应服务业发展规律，创新经济治理，推动制度体系和发展环境得到系统性优化，最大限度激发市场活力；以开放促改革、促发展，稳步扩大服务领

域开放，深度参与国际分工合作，在开放竞争中拓展空间、提升水平、增强竞争力。

（三）服务业落实新发展理念、推动实施创新驱动发展战略的具体建议

未来5年，要瞄准制约服务业发展的关键领域和薄弱环节，以营造公平开放的良好环境、激发市场主体活力为政策目标，采取切实有效措施，促进服务业加快发展和转型升级。

1. 创新发展：创新发展政策的着力点是鼓励企业提升技术创新水平，营造有利于新业态新模式蓬勃发展的生态环境

一是加强服务业企业的研发投入支持力度。根据服务业轻资产的特点，调整《高新技术企业认定管理办法》，支持更多符合条件的服务业企业申请成为高新技术企业。优化国家财政专项资金的使用方式，产业项目资金更多地从支持固定资产投资向人才、技术等创新投资倾斜。支持传统服务业改造升级，将服务业信息化投资、标准化建设等纳入国家技术改造专项支持范围。优化研发费用加计扣除政策，取消“研发费中其他相关费用总额不得超过可加计扣除研发费用总额的10%”的限制。加强技术服务平台建设，重点支持企业在信息技术等领域的关键技术、战略技术方面，集中力量重点突破，形成有自主知识产权的关键核心成果。加强对商业模式创新的支持，推广合同能源管理、融资租赁服务等新型商业模式。

二是积极探索适应服务业新业态新模式特点的监管方式。对新业态新模式发展要先允许试错，避免管得过严过死。对缺乏成熟标准或不适应既有监管体系的服务要及时开展研究和监测，成立专家组进行跟踪分析，研究监管方式方法。积极探索服务业跨部门协同监管机制，促进服务业跨界融合监管的信息互换、监管互认、执法互助，重点加强事中事后监管和全程协同监管；对互联网（平台经济、分享经济）、健康服务、文化创意等

方面的新兴领域，强化行业自律管理，引导市场主体自治。利用大数据等手段，建立开放的服务质量社会监管平台，针对旅游、医疗、电子商务、通信等消费者投诉较多的行业，重点加强服务质量和安全监测。

2. 协调发展：协调发展政策的着力点是深入推进供给侧结构性改革，生产性服务业和生活性服务业并重，传统服务业和现代服务业并举，解决内部结构性失衡问题

一是引导房地产业和金融业健康有序发展。协调推进去库存、去杠杆、防风险任务，尤其对互联网金融欺诈、房地产业炒作等行为须严厉查处，引导房地产回归居住属性、金融业回归支持实体经济属性。加快出台房地产税，增加对保障性住房的投入力度，扩大保障性住房的覆盖范围，建立城市住宅建设用地供给与人口规模、房地产库存联动机制，下大力气推进公共服务特别是义务教育的均等化。

二是加快推动生产性服务业的专业化发展。最迫切的是要改变服务业和制造业在政策方面存在的不平等待遇，中央和地方政府要切实采取有效措施，实现服务业在用水、用电、用地、用钱、用人等多方面与制造业享受同等待遇，建立公平公正的政策支持体系，使社会资本自由有序地在制造业和服务业部门流动。推进工业主辅分离，下决心推动事业单位改革，制定明确的时间表和路线图，培育一批专业性强的研发设计、现代物流、商务咨询等生产性服务企业。

三是促进生活性服务业增强供给能力和服务水平。加快制定（修订）一批服务业重点行业和领域的国家标准，支持旅游、家庭、健康等生活性服务业利用大数据、互联网等技术工具，提供便利化、高品质服务。

3. 绿色发展：绿色发展政策的着力点是倡导绿色环保理念，强化环保约束和引导集聚发展，促进服务业走集约型道路

一是强化服务行业的环保约束。加强服务业项目建设的环境评估和事中事后监管。如在旅游业领域，进一步加强旅游项目的环境影响评价和环境监测，建立完善的旅游景区废水、固体废弃物收集处理体系，鼓励旅游景区建设采用绿色、低碳、环保材料，使用可再生能源、节能环保交通工具，把旅游资源保护和生态环境建设作为景区等级考核评定的重要因素。

二是使用节能环保设备技术加快绿色转型。支持大型商场、餐饮酒店进行节能环保设备和技术投资，在医院、商场、学校等领域推广使用节能节水等先进技术，鼓励物流行业采用新能源货运车和物联网等技术，国家财政专项资金给予一定支持。

三是引导服务业集聚发展。支持地方符合条件的服务业园区升级为国家级高新区，享受高新区的税收优惠和政策支持。国家财政专项资金支持服务业集聚区的基础设施和公共服务平台建设，引导更多服务业企业向园区和集聚区集中发展。支持城市功能转型，在城市中心区利用原有工业厂房转型建设服务业集聚区，建议土地用途和使用权人可暂不变更；在不改变建筑外观的前提下，允许原使用权人通过参股、控股等方式参与服务业集聚区建设。

四是倡导绿色消费。积极开展绿色节能宣传，加强政府对企业和公众的引导，鼓励消费领域的节能减排。开展服务业节能环保行动，在服务行业推广碳排放标志认证或节能环保标识。利用价格等市场化手段，在快递业领域推进绿色包装、使用包换包材和建立包装物回收体系；在餐饮业领域持续推进“光盘行动”；在宾馆、酒店业领域取消一次性用品等。

4. 开放发展：开放发展政策的着力点是实行更加积极主动的开放战略，推动服务业有序全面开放，提升服务业的开放水平和质量

一是继续推动高附加值、高技术含量的服务企业对外开放，扩大相关

产业在服务贸易中的比重。加快对服务贸易创新试点区域的经验推广，在服务贸易发展迅速的地区，逐渐提升服务外包和高技术服务业的财税、融资支持力度。

二是促进传统服务业转型升级，以扭转传统服务贸易巨额逆差的不利局面。构建资质评定标准，对于实现信息化、数字化、智能化转型升级的传统服务企业，纳入鼓励出口范畴。加强对人力资本的投入，通过校企合作、在职培训等途径，培养精通传统服务业和通信、信息、互联网技术的复合型专业人才。

三是积极参与国际贸易服务协定（TISA）的谈判，在制定国际贸易规则和行业标准的过程中占据主动。利用我国市场规模作为议价条件，尽快加入TISA的国际谈判，将服务业市场准入作为和美国、欧盟等其他国家的对话筹码，确保在新一轮的服务贸易规则制定中赢得话语权。切实推进服务业对外开放的体制改革，在有序开放、规避产业安全风险的前提下，进一步完善外商投资准入的负面清单，优化投资环境，逐步与国际通行的开放规则接轨。

四是合理制定服务业的外资政策，调整利用外资的产业结构。当前我国服务业利用外资中大量集中在房地产和金融业领域，技术溢出效应尚未充分显现，同时加剧了产业结构“脱实向虚”的风险。要在房地产和金融行业适当限制、减缓外资进入，加强资质牌照审核，着手制定针对高技术服务业利用外资的优势产业列表，对相关产业的外商投资应简化进入程序，促进服务业外资产业结构有序转变。

5. 共享发展：共享发展政策的着力点是促进民生和社会服务业发展，提高就业弹性，增强服务和改善民生的能力

一是促进民生和社会服务业加快发展。打破行业垄断，推进政企分开

和逐步放松规制，鼓励社会资本更多地投入到教育、医疗、养老、文化等民生和社会服务业领域，切实增强有效供给，推动市场化、社会化、专业化发展。推进政府向社会购买公共服务，更好地发挥政府采购作用，制定政府购买服务的指导性目录，明确政府购买服务的种类、性质和内容，对购买服务的项目进行动态调整，使群众享受到丰富优质高效的公共服务。

二是着力提高就业弹性。加大对服务业从业人员的培训力度，鼓励建立多层次、多形式、多渠道的服务业专业人才培养机制，提升从业人员的劳动素质。未雨绸缪，重视机器人、人工智能等技术进步对服务业发展的新要求和对服务业从业人员的新挑战，加强相关技术专业培训，增强劳动力对技术变革的适应性。适应“90后”“00后”等未来劳动力的择业就业观念变化趋势，积极营造良好的创新创业生态系统，鼓励“双创”和“互联网+”、共享经济等新业态发展，支持自由职业、零工就业、创业带动就业等多种就业形式。

（执笔人：洪群联）

参考文献

1. 陈宪，程大中. 中国服务经济报告（2005）［M］. 北京：经济管理出版社，2006.

2. 程大中. 中国服务业增长的特点、原因及影响［J］. 中国社会科学，2004（1）.

3. 姜长云，洪群联，邱灵. 服务业大趋势［M］. 杭州：浙江大学出版社，2015.

4. 姜江，洪群联. “十三五”产业新增长点：打造经济发展新引擎［M］. 北京：中国市场出版社，2016.

5. 江小涓. 中国服务业的增长与结构［M］. 北京：社会科学文献出版社，2004.

6. 柳坤，申玉铭，张旺. 我国服务业发展的国际比较［J］. 世界地理研究，2012（1）.

7. 王俊. 服务业就业增长之谜：对鲍缪尔–富克斯假说的再检验［J］. 人口与经济，2008（6）.

8. 魏作磊. 发达国家服务业就业结构变迁对我国的启示［J］. 经济管理，2007（1）.

专题报告四

高技术产业推动创新驱动发展战略的成绩、问题和对策研究

内容摘要：创新驱动发展战略实施以来，我国高技术产业发展取得了巨大的成就，经济实力不断增长，组织结构持续优化，创新能力逐步提升，国际竞争力日趋增强。同时，也面临一些突出问题，自主创新能力不强，有效资本供给明显不足，人才结构性短缺问题突出，创新体制制约严重，创新软环境有待优化，据此提出一些针对性的对策建议。

从理论上来看，高技术产业是知识密集、技术密集的产业，是主要依靠创新驱动发展的产业。但由于各国发展阶段不同，与发达国家相比，我国高技术产业具有一定的技术差距，创新驱动特征并不明显。尤其是过去多年，我国高技术产业同其他行业一样，也是主要依靠劳动力等要素的低成本优势发展而来，在全球价值链中主要从事加工、组装，处于低附加值环节。在经济新常态下，我国高技术产业对内的要素低成本优势已不复存在，对外的国际市场空间拓展有限，主要依靠要素投入驱动的传统增长

模式难以为继，产业发展将全面转向创新驱动，更多地依靠人力资本和技术进步的质量效率型集约增长方式。党的十八大提出创新驱动发展战略以来，我国高技术产业的研究与开发（R&D）投入力度进一步加大，创新能力不断增强，产业发展的创新驱动特征日益凸显。然而，目前我国高技术产业仍处在由要素驱动向创新驱动转变的过程中，不可避免地面临着一些突出问题和障碍。因此，需要对此进行深入分析，进而提出一些针对性的对策建议。

一、推动创新驱动发展战略取得的成绩

（一）经济实力不断增长

实施创新驱动战略以来，我国高技术产业继续高速发展，产业规模不断壮大。2015年，我国高技术产业主营业务收入为139969亿元，比2012年增长近40%。高技术产业继续保持较快增长，增速明显快于制造业整体水平，由此导致主营业务收入占制造业的比重不断提升，2015年为14.1%，比2012年提高了1.4个百分点。分行业来看，医药、航空与航天器及设备、电子及通信设备、计算机及办公设备、医疗仪器设备及仪器仪表和信息化学品的2015年主营业务收入分别为25729.5亿、3412.6亿、78309.9亿、19407.9亿、10471.8亿和2636.8亿元。除计算机及办公设备外，其余5个行业都保持较快增长态势。计算机及办公设备由于受国际产业转移影响，主营业务收入自2014年达到峰值后，2015年出现大幅下滑，比2014年减少了17.4%（参见表4-1所示）。

表4-1　2012年以来我国高技术产业主营业务收入增长态势（亿元）

行业	2012年	2013年	2014年	2015年
高技术产业	102284	116049	127368	139969
医药制造业	17337.7	20484.2	23350.3	25729.5
航空与航天器及设备	2329.9	2853.2	3027.6	3412.6
电子及通信设备	52799.1	60633.9	67584.2	78309.9
计算机及办公设备	22045.2	23214.2	23499.1	19407.9
医疗仪器设备及仪器仪表	7772.1	8863.5	9906.5	10471.8
信息化学品	——	——	——	2636.8

资料来源：《中国高技术产业统计年鉴2016》。

一是高技术产业的利润总额增长迅速。2015年，高技术产业的利润总额为8996亿元，比2012年增长近45.3%。分行业来看，医药、航空与航天器及设备、电子及通信设备、计算机及办公设备、医疗仪器设备及仪器仪表和信息化学品的2015年利润总额收入分别为2717.3亿、196.1亿、4348.9亿、622.1亿、938.8亿和163.1亿元。除计算机及办公设备外，其余5个行业都保持较快增长态势。

二是高技术产业的利润率不断提升。2015年，高技术产业的利润率为6.42%，高于一般制造业水平近0.6个百分点。并且利润率一直保持了增长态势，尽管增长速度不快，这也从侧面反映了高技术产业正在逐步摆脱靠要素驱动的发展模式，逐步转向依靠创新驱动，且创新驱动的红利在不断累积。分行业来看，医药制造、医疗仪器设备及仪器仪表、信息化学品三个行业的2015年利润率分别为10.56%、8.97%和6.19%，都高于总体高技术产业的利润率。而航空与航天器及设备、电子及通信设备、计算机及办公设备三个行业的利润率分别为5.75%、5.55%和3.21%（参见表4-2所示），都低于一般制造业水平。

表4–2　2012年以来我国高技术产业利润总额增长态势（亿元）

行业	2012年	2013年	2014年	2015年
高技术产业	6186	7234	8095	8986
医药制造业	1865.9	2132.7	2382.5	2717.3
航空与航天器及设备制造业	121.8	139.3	170.3	196.1
电子及通信设备制造业	2679.5	3326.8	3744.4	4348.9
计算机及办公设备制造业	790.5	810.4	889.2	622.1
医疗仪器设备及仪器仪表制造业	728.7	824.6	908.9	938.8
信息化学品制造业	——	——	——	163.1

资料来源：《中国高技术产业统计年鉴2016》。

（二）组织结构持续优化

随着国家政策和技术创新加速，将有更多的创新型小企业加入高技术产品研制中，因此将会导致大中型高技术企业所占的比重有所降低。2015年，在我国高技术企业中，27.4%左右为大中型企业，比2012年降低了3.1个百分点。尽管大中型高技术企业的数量不足行业规模以上企业数量的30%，但其主营业务收入、利润总额和出口交货值仍牢固地占据行业的绝大部分，2015年分别为80.2%、79.8%和94.0%。分行业来看，医药制造和医疗器械领域的大中型高技术企业占比较低，2015年分别为22.5%和18.1%，比2012年分别下降了0.4个百分点和2.3个百分点，且主营业务收入占行业的比重仅为66.1%和56.2%（参见表4–3所示）。

表4-3　2012年和2015年我国大中型高技术企业占比（%）

年份	行业	企业数占比	主营业务收入占比	利润总额占比	出口交货值占比
2012年	高技术产业	30.5	81.4	78.5	95.0
	医药制造业	22.9	63.7	70.1	74.2
	航空与航天器及设备制造业	38.8	70.9	68.7	69.0
	电子及通信设备制造业	36.1	85.0	84.8	94.8
	计算机及办公设备制造业	45.6	96.4	93.9	98.6
	医疗仪器设备及仪器仪表制造业	20.5	56.5	62.0	74.5
2015年	高技术产业	27.4	80.2	79.7	94.0
	医药制造业	22.5	66.1	73.4	75.1
	航空、航天器及设备制造业	41.6	90.2	85.4	81.9
	电子及通信设备制造业	31.6	84.5	85.8	94.6
	计算机及办公设备制造业	37.6	93.3	92.1	97.3
	医疗仪器设备及仪器仪表制造业	18.1	56.2	61.0	73.3
	信息化学品制造业	27.5	76.5	76.6	85.9

资料来源：《中国高技术产业统计年鉴2016》。

在市场需求的牵引和国家政策的推动之下，高技术企业收并购活动显著增多。2014年3月国务院出台了《关于进一步优化企业兼并重组市场环境的意见》，2016年9月国务院发布《关于促进创业投资持续健康发展的若干意见》，这些文件出台为高技术企业并购活动提供了政策保障。另外，我国高技术产业企业出于延伸产业链、开拓市场空间、提升创新能力、扩大产能规模等多种需求，倾向通过整合做大做强，导致产业的整合趋势明显，产业的组织结构不断演化。如在集成电路领域，清华紫光集团成功并购展讯通信和锐迪科之后，拥有了高、中、低端搭配的完整产品线，推出的移动通信终端SoC，年出货量接近6亿美元，市场占有率接近30%，排名世界前三[1]。在医药制造领域，据同花顺数据统计显示，2015年1月—8月13日，A股生物医药行业总计发生了308件并购重组事项，涉及金额超千亿元。夯实主营、扩充产业链是上市公司并购生物科技资产的主要目的，在生物科技的并购热潮中，药企追逐新技术、新模式的并购方向符合当下的市场发展趋势。

另外，我国一些高技术企业通过和国外研究机构合作、股权投资等方式实现海外市场的布局，以及并购优质资源。海外市场尤其是欧美市场在研发环境、研发实力等方面领先于国内，我国高技术企业通过海外并购，可以弥补技术短板，积极融入全球创新网络，向全球价值链高端“进军”。在医药制造领域，如2017年，东方略公司斥资3500万美元购买美国Inovio公司的HPV（人类乳头瘤病毒）治疗性疫苗VGX-3100产品及其专利等知识产权，另外以3500万美元认购Inovio公司定向发行的限售股海外上市公司的新药专利及股权[2]。人福医药斥资5.5亿美元（约合人民币35.63亿元），收购美国药企Pharma公司及其关联企业RE Holdco公司100%的股权[3]。长电科技出资2.6亿美元，拿下全球第四大芯片封测厂商星科金朋的半数股权，从而跻身集成电路封测巨头行列[4]。

（三）创新能力逐步提升

技术创新是高技术产业发展的强大动力。党的十八大提出实施创新驱动发展战略以来，我国高技术产业的研究与开发（R&D）投入力度进一步增加，产业发展的创新驱动特征日益凸显[5]。

---

[1] 刘红梅，陈文苑. 中国集成电路产业未来发展之路探析［J］. 当代经济，2017（4）.
[2] 胡姝阳. 巨资购新药专利——投资推医药创新［N］. 中国知识产权报，2017-4-26（10）.
[3] 陈红霞. 35亿并购美国药企 人福医药海外市场步入收获期［N］. 21世纪经济报道，2016-3-31（17）.
[4] 王雪青，李兴彩. 长电科技衔命出海——杠杆并购上演“蛇吞象”［N］. 上海证券报，2015-1-15（F3）.
[5] 工信部赛迪研究院高技术产业形势分析课题组. 创新驱动显效——高技术产业将成经济发展新引擎［N］. 中国工业报，2016-5-10（A2）.

创新投入不断增加。2015年高技术产业研究与开发（R&D）经费内部支出2219.7亿元，比2012年增长了48.8%；新产品开发经费支出2574.6亿元，比2012年增长了40.9%。

创新效益不断提升。2015年，高技术产业的新产品销售收入38111.5亿元，比2012年增长了60.4%；有效发明专利199728件，比2012年增长了104.1%（参见表4-4所示）。高技术产业技术创新活跃，是专利申请最为密集的产业。目前我国专利开始从量到质“蝶变”。如在信息通信领域，我国信息通信领域的专利数量增长迅猛，总体上取得了举世瞩目的成就，华为和中兴跻身2016年世界信息通信领域PCT申请数量前10企业。据《2015年广东省专利监控报告》，2015年华为向苹果公司许可专利769件，苹果公司向华为许可专利98件，根据双方的许可专利数量以及市场规模，意味着华为也开始向苹果公司收取专利许可使用费。在国际标准方面，由中国移动通信集团公司联合14 家单位合作研发的第四代移动通信系统（TD-LTE）在全球竞争中胜出，成为两大主流4G国际标准之一，主导着世界移动通信发展路径。华为提出的站点能效SEE（Site Energy Efficiency）通过国际电信联盟ITU（International Telecom Union）认证，正式成为通信能源领域的国际标准。

表4-4　大中型高技术产业企业R&D及相关活动情况

指 标	2012年	2013年	2014年	2015年
R&D经费内部支出（万元）	14914940	17343666	19221544	22196591
新产品开发经费支出（万元）	18274769	20694975	23505812	25746024
新产品销售收入（万元）	237653174	290288371	328451936	381114794
有效发明专利数（件）	97878	115884	147927	199728

资料来源：《中国高技术产业统计年鉴2016》。

具体来看，部分领域突破了一批关键技术，开发了一批重大产品，自主创新能力和产业技术水平不断提升，在国际竞争中由以跟踪追赶为主的阶段逐步迈向赶超、同行阶段，在某些领域甚至成为“领跑者”。

在医药制造领域，康柏西普眼用注射液2013年在我国上市以后，以良好的疗效、安全性和较低的成本得到市场广泛认可，打破了国际垄断。2017年又获得美国食品和药品管理局（FDA）准许直接进入美国III期临床，打开了中国创新生物药国际化的新局面[1]。

在航空航天领域，2017年5月5日，我国具有完全自主知识产权的大型喷气式客机C919 成功首飞。目前，“以中国商飞为核心，联合中航工业，辐射全国，面向全球”的较为完整的具有自主创新能力和自主知识产权的产业链正在形成。

在电子通信设备领域，国产CPU研发技术和芯片制程工艺取得突破，中芯国际、华力微电子28纳米芯片制程工艺进入量产。2015年，龙芯发布新一代产品，全面进入产业化阶段。展讯通信、海思、联芯科技均成功研发出北斗移动通信一体化芯片，进入手机应用。

在医疗器械领域，北京品驰公司联合国内相关机构研制的脑起搏器打破了美国垄断，已经进入全国110 家著名三甲医院和神经专科医院，在国内的植入量占比已经超过50%[2]。

（四）国际竞争力日趋增强

尽管我国高技术产业主要从事加工组装环节，处于全球价值链的低端，但总体而言，随着创新驱动发展战略深入推进，我国高技术产业正从全球价值链的低端向中高端艰难攀升（体现为利润率有所提升），正在逐步缩小与发达国家之间的差距。

---

[1] 2016 年中国医药生物技术十大进展评选结果揭晓［J］. 中国医药生物技术，2017（12）.

[2] 白毅. 国产医械勇立科技创新潮头［N］. 中国医药报，2016-7-19（3）.

一是出口交货值逐步增长。近年来，受全球经济影响，我国高技术产业出口增速放缓，但总体出口状况好于一般制造业。2015年，高技术产业出口交货值为50923亿元，比2012年增长了9.0%。分行业来看，除计算机及办公设备外，其他行业的出口交货值均实现了增长。这也在一定程度揭示了计算机及办公设备行业向国外转移的趋势。据世界银行数据，2014年，我国高技术产业的出口额为5586.1亿美元，居世界第一位。

另外，部分高技术产业的技术和市场逐步稳定，国际知名度和竞争力稳步提升，"走出去"步伐加快，企业发展的国际化水平与层次不断提升。

在航空航天领域，我国独立自主研发的北斗卫星导航系统成为继美国全球定位系统（GPS）、俄罗斯格洛纳斯卫星导航系统（GLONASS）之后第三个成熟的卫星导航系统，具有实时导航、快速定位、精确授时、位置报告和短报文通信服务五大功能。北斗导航系统的国际化进程也在加速。2016年1月，中国与沙特、阿拉伯国家信息通信技术组织等签署了卫星导航领域合作谅解备忘录，促进了北斗系统落地阿拉伯国家。2016年8月，随着首个定位服务单基站在老挝首都万象建成并通过技术测试，中国北斗卫星导航系统服务正式落地老挝[1]。2016年，在范堡罗国际航展上，中国商飞公司一共签署90架ARJ21系列飞机购机协议，其中60 架飞机用于支持印度尼西亚一家航空公司组建机队。这是国产飞机首次大批量"走出去"，向世界市场迈出坚实一步[2]。

在电子信息通信领域，浪潮服务器的销量位居全球第五、中国第一，浪潮先后加入Open Stack、SPEC、TPC等国际权威组织，其国际化业务目前已拓展至全球85个国家和地区，在美国、日本、拉美等多个国家和地区

---

[1] 卢泽华. 中国北斗 导航全球［N］. 人民日报海外版，2016-9-12（9）.
[2] 邓茜，张家伟. 中国航空航天企业加快"走出去"步伐［N］. 人民日报海外版，2016-7-18（2）.

设立研发中心和工厂，在海外26个国家设立分公司和展示中心，产品和方案广泛应用于全球数据中心、超算中心、税务、教育、智慧政府等领域。海思成功推出了与高通“骁龙”芯片性能相当的“麒麟”芯片。麒麟910首次集成了自主研发的Balong710基带，成为一款真正意义上的手机SoC。从麒麟920起，海思开始推出能与高通和三星处理器一较高下的产品，远远地甩开了联发科[1]。

在随机动态储存器芯片领域，上海澜起科技研发的DRAM缓存控制器芯片的全球市场占有率保持第一，缓存控制的设计水平处于国际领先地位[2]。

在医疗器械领域，在迈瑞、蓝韵、开立、理邦等龙头企业的带领下，医疗器械自主品牌与贴牌加工“双渠道”进军欧美、东盟、拉美、非洲等国际市场[3]。

2015年12月，全球首条10.5代线的京东方液晶面板生产线在合肥动工建设，项目设计月产能9万片玻璃基板，主要生产65英寸及以上的超高清液晶显示屏。2018年第二季度投产后，京东方一举跃升至全球平板显示行业的前三之列。

二、推动实施创新驱动发展战略的主要问题

（一）自主创新能力不强

虽然我国高技术产业的创新能力不断提升，部分领域可与发达国家相提并论，但是整体创新能力仍低于发达经济体。首先，我国高技术产业研

[1] 陈炳欣，刘静. 集成电路：探寻发展新模式［N］. 中国电子报，2017-5-19（1）.
[2] 刘红梅，陈文苑. 中国集成电路产业未来发展之路探析［J］. 当代经济，2017（4）.
[3] 吴德群. 自主创新之“花”收获海外之“果”［N］. 深圳特区报，2017-2-1（A1）.

发强度与发达国家相比差距仍较大。2015年，我国高技术产业研究与开发（R&D）经费投入强度为1.98%[1]，与美国（2009年19.7%）、日本（2008年10.5%）和韩国（2007年5.9%）等发达国家相比还存在较大差距，表明我国高技术产业的技术创新能力有待进一步加强。其次，关键核心技术受制于人仍未根本改变。高技术制造业的关键基础原材料、关键基础零部件严重依赖进口，先进基础工艺缺乏广泛应用，基础技术支持没有保障[2]。“四基”是制约我国高技术产业由大变强的症结所在，也是制约我国提高自主创新能力的瓶颈所在。另外，知识产权制约着产业自主创新。总体上来看，我国高技术企业的知识产权运用能力偏低、管理经验不足[3]，在“走出去”的过程中，跨国公司对高技术产品的知识产权壁垒逐步提高，导致我国企业常常遭到国际标准与专利池的阻滞[4]。

具体来看，医药制造领域，欧美仍是全球产业发展领先地区。目前，全球生物医药产业主要集中分布在欧盟、日本等发达国家，研发实力和产业发展领先全球。美国生物药品在全球市场占主导地位，占有世界近六成的生物药专利，全球市场90%的生物药品来自美国企业，比如默克、强生、罗氏、诺华等。

航空航天领域，通用航空设备的制造水平仍然较低，航空器的自主研发和创新制造能力不足，特别是核心零部件发动机的自主研制一直是我

---

[1] 我国高技术产业研究与开发（R&D）经费投入强度为大中型高技术企业研究与开发（R&D）经费内部支出占其主营业务收入之比。

[2] 工业基础能力包括核心基础零部件和元器件、先进基础工艺、关键基础材料、产业技术基础，简称“四基”，这是工业整体素质和核心竞争力的体现，也是数字化、网络化、智能化的基石，是工业高质量发展的支撑。

[3] 工信部赛迪研究院高技术产业形势分析课题组. 创新驱动显效 高技术产业将成经济发展新引擎［N］. 中国工业报，2016-5-10（A2）.

[4] 裘江南，张野. 中国高技术企业国际化中的专利布局研究［J］. 科研管理，2016（11）.

国航空制造业发展的软肋。我国大飞机C919的关键零部件如发动机仍由CFM国际公司提供，这意味着，在相当长的一段时间内，我国仍无法实现完全自主地生产大飞机，进口依赖性仍然很强。

集成电路领域，整体技术水平不高、核心产品创新不力、产品总体处于中低端。受西方国家对集成电路技术出口限制的制约，我国集成电路芯片制造技术始终落后于国际先进水平2~3个技术节点；高端、关键封测装备及材料仍基本依赖进口。在核心产品方面，诸如CPU、FPGA、DSP和存储器等大宗产品虽有所突破，但没有进入主流市场，产品性能与国际先进水平之间还有很大的差距。在制造工艺方面，目前国际上的水平是14纳米量产、7纳米研发；中国大陆最先进的制造技术是中芯国际的28纳米量产、14纳米研发。与国际先进水平之间还存在着4年2代的差距[1]。

仪器设备领域，在设计技术、封装技术、装备技术等方面都与国外先进水平之间存在较大差距。以传感器为例，国内尚无一套有自主知识产权的传感器设计软件，国产传感器的可靠性比国外同类产品低1~2个数量级，传感器封装尚未形成系列、标准和统一接口[2]。

（二）有效资本供给明显不足

高技术产业企业的融资渠道尚不畅通，仍面临“融资难、融资贵”的问题。总体来看，国内金融市场“脱实向虚”现象严重，金融市场对高技术产业等实体经济的支持不充分，大量金融资金停留在金融系统内空转套利，导致了高技术产业发展的有效金融供给规模不足。

一是银行难以满足高技术产业的技术创新投入。我国银行金融机构出于规避风险考虑，信贷资金往往过多投入大型国有企业，使得中小企业融

[1] 明小满. 中国集成电路的发展现状与发展建议［J］. 通讯世界，2017（4）.
[2] 陈枫，刘平. 仪器仪表行业、装备制造业蓝皮书［M］. 北京：社会科学文献出版社，2016.

资困难。高技术产业以民营企业、创新型中小企业为主，大部分企业具有轻资产、风险高等特点，信贷担保资源不足。由于缺乏获得贷款的抵押品且知识产权等无形资产又难以抵押担保，银行金融机构对处于创业期的高技术企业普遍存在着限制性放贷。因此，面对我国高技术产业巨大的科技金融需求，银行金融的支持力度仍显不足。

二是资本市场对高技术企业的技术创新支持有限。虽然金融发展在一定程度上缓解了高技术产业的融资约束问题，但由于我国资本市场体系的不完善以及制度性原因，资源向国有企业倾斜的状况并未得到根本性转变，资本市场的资源错配严重。大量具有良好发展前景的高技术企业通过中小板和创业板上市的难度较大[1]，股权融资的渠道受阻。尽管新三板的“制度红利”给高技术产业的相关企业带来了巨大机会，但是受信息不对称程度高、投资不确定性大等方面的因素影响，大量具有技术创新能力和高成长潜力的高技术中小型企业依然无法获得资本市场青睐[2]。

三是风投、私募对高技术企业创新的支持有待加强。我国风险投资等股权投资机构倾向于处在成熟期阶段的企业，投向处于种子期与初创期企业的投资金额比例较小，投资机构更青睐于投资已有一定发展基础并有比较明确发展前景的创业企业，造成企业种子期、初创期和成长期的投资环节依旧缺失。这种逆选择使得风险投资趋向于一般性的商业投资，弱化了对中小型高技术企业的筛选、培育功能[3]，进而对高技术产业技术创新的资金支撑不够。

---

[1] 张桢. 我国高技术产业发展、金融结构优化与产业升级——基于最优金融结构理论的实证分析［J］. 工业技术经济，2016（2）.

[2] 张于喆. 高技术产业和战略性新兴产业面临问题的对策建议［J］. 中国经贸导刊，2017（7）.

[3] 王剑华，马军伟，洪群联. 促进战略性新兴产业与金融业共生发展［J］. 宏观经济管理，2017（4）.

（三）人才结构性短缺问题突出

实施创新驱动发展战略，推动经济提质增效升级、迈向中高端水平，必须加快培养一支数量充足、素质优良、结构合理的技能人才队伍。人才是高技术产业创新驱动发展最重要的要素投入，高技术产业创新驱动的本质也是人才驱动。高技术产业由从事加工组装、劳动力密集型特征明显的要素驱动模式转向创新驱动模式，必须依靠高技能人才和创新人才。虽然近年来我国高技术产业的创新驱动取得了突飞猛进的进步与成就，但与国外发达国家相比仍存在较大差距，归根结底在于我国的人才发展体系尚不完善，不能完全支撑高技术产业的创新发展需要。由于教育、人才体制约束，导致我国培养高技术人才的质量与岗位还不完全适应，高端创新人才的短缺问题突出。

一是技能型技术人才短缺。技能型人才是在生产中掌握一定基础知识和操作技能、能解决工作中的关键性操作技术和工艺难题的专门人才。截至2014年底，我国技能型人才在劳动力市场需求中供不应求，其总量仅占就业人员的19%，高技能人才数量甚至不足5%。这主要因为，目前在我国的教育体系中，相关专业学科建设仍然相对滞后，高校发展定位趋同，应用型特点不突出，教育部门的培养计划与企业、市场的需求相脱节。如航天航空领域，一些航天产品的生产制造关键岗位，高技能人才的短缺严重。高技能人才的年龄结构老化，新生力量补充不够。年轻技能人员，因为工资薪酬和个人未来发展追求等原因，对企业的归属感较低，造成人员流动性大，从而影响航天企业特殊工种绝技绝招的代际传承，不利于产品生产和质量保证[1]。电信行业，现有高级人才占全行业专业技术人员的比例仅有

[1] 刘亮. 航天企业高技能人才培养的思考［J］. 企业改革与管理，2017（8）.

0.14%；在电子信息产业中，技师、高级技师占技术工人的比例为3. 2%，而发达国家一般在20%～40%[1]。另外，绝大部分技能人才的分布也不合理。绝大部分的技能人才都集中在高校、科研院所或政府部门，仅有10%左右的高层次人才分布在各类企业中[2]。

二是创新人才缺乏。高技术产业作为智力密集型产业，对高端研发人才具有极大的需求。目前我国实施的高层次人才政策中仅有约4%是针对企业的，缺乏对企业引才的支持力度，这可能会造成人才引进与实际需要相脱离[3]。我国的创新型人才属于结构性短缺，特别是高端人才稀缺。据统计，我国拥有的世界一流科学家仅有100 多人，占世界的4.1%，而美国占到了42%[4]。2015年，我国高技术产业研究与开发（R&D）人员为923455人，仅占高技术产业从业人员总数的6.82%。分行业来看，医药、航空与航天器及设备、电子及通信设备、计算机及办公设备、医疗仪器设备及仪器仪表制造业和信息化学品的研究与开发（R&D）人员分别为177028、56124、496393、68609、111708和13593人，分别占从业人员总数的7.94%、14.50%、6.10%、4.68%、9.74%和7.99%。高技术企业创新人才的投入不足成为高技术产业创新能力提升的一大障碍（参见表4-5所示）。

[1] 牛珩，周建中. 海外引进高层次人才学科领域的定量分析与国际比较［J］. 科技管理研究，2017（6）.
[2] 余仲华，朱志胜. 高层次人才发展困境探析［J］. 中国卫生人才，2017（1）.
[3] 余仲华，朱志胜. 高层次人才发展困境探析［J］. 中国卫生人才，2017（1）.
[4] 杨艳. 我国科技创新文化建设存在的问题及其原因分析［J］. 学理论，2017（1）.

表4–5 大中型高技术产业企业研究与开发（R&D）人员情况

项目	高技术产业	医药制造业	航空与航天器及设备制造业	电子及通信设备制造业	计算机及办公设备制造业	医疗仪器设备及仪器仪表制造业	信息化学品制造业
R&D人员（人）	923455	177028	56124	496393	68609	111708	13593
平均就业人员（人）	13543225	2229376	387006	8142256	1467024	1147356	170207
占比（%）	6.82	7.94	14.50	6.10	4.68	9.74	7.99

资料来源：《中国高技术产业统计年鉴2016》。

（四）创新体制制约严重

高技术产业是抢占未来经济发展制高点的关键，但因其具有高风险性、复杂性、创新性等特点，需要充足的资金、技术、人才等各种资源支持。因此，通过产学研合作，整合各方优势资源，攻克技术难关等，可以共同促进高技术产业发展。而我国部分体制机制约束严重，无法充分激发各类创新主体的创新活力，阻碍了高技术产业的技术创新。

一是产学研创新合作机制还不健全。产学研合作是促进产业技术创新，加速产业组织变革，提供科技成果转化平台，形成产业技术创新扩散的有效手段，同时也是提高行业竞争力，推动行业经济发展的战略措施。但目前产学研合作的组织形式比较松散，行为短期化、形式化，缺乏持续性和保障机制。企业和高校、科研院所之间虽然有一定的合作，但是由于缺乏信息的沟通协调和统筹安排，造成技术创新要素和成本的浪费。近年来，为推动引导技术创新资源、创新要素向企业集聚的迫切要求，我国相继推动建立了各类技术创新战略联盟。但由于利益机制不同，这些技术创新联盟的合作多数流于表面，难以起到“集聚整合创新资源”的实际作用。

二是创新激励机制有待完善。近年来，我国出台了系列创新创业政策，有效推动了高技术产业的技术创新，但创新创业的激励机制有待完善。如在高技术领域科研人才比较集中的高校及科研机构事业单位，尽管国家出台了一系列鼓励科研人员创新创业的政策，但由于体制机制约束及相关政策缺乏统筹协调，科研人员按照规定能够本应享受到的奖励、分红，往往由于工资总额限制，导致这些奖励、分红转化不成实际收入，严重影响了科研人员创新创业的积极性。

三是部分领域的管理体制有待健全。航空航天领域的行业垄断、市场封闭的体制仍未打破，阻碍了技术创新步伐。当前，我国航空航天领域还处于相对封闭的独立状态，龙头企业通过纵向垂直整合来抑制上下游中小企业进入和发展，民营企业进入的门槛比较高，不利于吸收民营资本和先进技术进入，影响了产业的技术创新能力提升。同时，这种体制也不利于企业创新，封闭的市场使企业失去创新的动力和压力，导致航空航天关键核心技术的缺失。医药和医疗器械领域，审批时间长、程序冗杂，使得我国药品审批制度一直备受诟病。《关于改革药品医疗器械审评审批制度的意见》《关于进一步改革完善药品生产流通使用政策的若干意见》等国家政策不断出台，但这些政策的效果仍有待检验。审批进度慢、效率低，致使我国许多新药被堵在审批路上，严重影响了医药及医疗机械行业的技术创新。

四是全链条的科技服务体系亟待完善。科技服务体系建设滞后于高技术产业领域的创新创业发展需要。科技服务体系在运行机制、管理体系等方面存在严重问题，制约了高技术企业的创新发展。科技中介机构的服务意识不强、服务水平差，难以满足高技术企业创新需要。尤其是近年来一些“红顶”中介，专以营利为目的，难以为高技术企业提供服务。更为严重的是，一些不必要的涉企评估评审繁多，中介机构不但不能为小型高技术创新企业提供服务，还增加了企业负担，严重制约了企业创新资金投入。尤其是在大众创业万众创新的创新创业浪潮下，不必要的中介资格认证更是降低了人们的创业热情；人为抬高的从业门槛将创业者挡在门外，抑制了市场发展。

（五）创新软环境有待优化

在创新驱动发展战略带动下，我国对高技术产业创新的投入强度逐步加大。尤其在创新硬件引进和建设方面，我国高技术产业已居世界先进水平。实验室建设、科研仪器实验设备等跟国外差距并不很大，个别领域甚至更好。但高技术产业领域的创新投入“见物不见人”“重物不重人”现象突出，创新“软”环境与国外发达经济体相比较，差距巨大。

一是促进高技术产业发展的创新文化氛围尚未整体形成。近年来，尽管随着创新驱动发展战略实施，大众创业万众创新已蔚然成风，但宽容创新创业失败的文化尚未形成。高科技产业发展随时可能遇到技术风险、市场风险、财务风险等多重风险，创新本是对未知世界的探索，因此高技术产业的创新能否成功更是无法能够精确预料的。美国硅谷之所以成功，很重要的原因是那里的失败者不仅不会受到歧视，反而会得到善待。而我国“成王败寇”“重结果而轻过程”等传统守旧观念仍然很难根除。尤其是对技术创新苛求成功，会给从事创新创业人员戴上紧箍咒，使他们缺乏创新创业的意愿和动力。

二是“工匠文化”缺失。当前社会普遍流行急功近利的速食快餐主义，出现了投机取巧、急功近利等浮躁风，导致企业的产品质量和安全问题不时发生。一方面，许多高技术企业过度追求投资少、周期短、见效快的即时利益，忽略了产品的品质，导致企业的产品质量不高。这也是导致当前我国高技术产业高端产品不足、低端产品过剩的结构性矛盾的重要因素之一。另一方面，由于社会缺失鼓励工匠精神的文化，导致很少有人希望自己的子女长大后去做技工，这也是当前我国高技术产业领域涌现人才结构性矛盾的重要原因之一。

三是政府的综合监管能力需要提升。深入推进高技术产业创新驱动战略，新技术、新产业、新业态、新模式就会层出不穷。为了使这些新动能健康发展，就需要进行科学监管，这也是考验政府管理水平的关键。如对基于“互联网+”和分享经济的新业态，一些行业主管部门及地方政府往往打着“国家安全”“社会公平”等各种理由，采用传统经济管理的办法或设置各种门槛，阻碍了新业态的发展。比如，无人机消费市场的迅速发展，给传统空域管理体系带来了极大挑战。近年来，无人机干扰民航飞机事件的频频发生，无疑推动了政府对于无人机监管的脚步，各地对于无人机的管理越来越严格。然而监管不能简单套用老办法，采用“一刀切”的政策会对这些“新技术、新产业、新业态、新模式”产生巨大的冲击，从而制约创新创造活力。

三、对策建议

（一）增强产业技术创新能力

一要实现重大共性关键技术突破，结合当前高技术产业发展瓶颈及新兴产业发展急需，加快建立以企业为主体、市场为导向、产学研相结合的技术创新体系，组织开展跨行业、跨领域、跨区域的产学研用协同创新，强化技术创新支持政策，着力攻克一批共性关键技术，解决高技术产业发展中的技术瓶颈。在集中资源开展关键共性技术研发方面，要体现知识产权成果的数量及其在国际上的领先性目标，要集中力量攻克一批高技术产业领域在国际标准格局中占据一定地位的关键技术[1]。

二要深化实施知识产权战略，开展产业化导向的专利布局，在关键核心技术领域形成一批专利组合，构建支撑高技术产业发展和提升企业竞争力的知识产权储备，支持高技术企业进行海外专利布局，推动建立出口高技术产品的专利预警机制，完善专利海外布局后的维权援助机制。

三是完善综合标准化体系，深化标准化工作改革，加强和完善标准体系建设，扶持以高技术企业为主体来研究制定我国的技术标准，将有代表性的中国标准推向国际，切实提高我国高技术企业在国际标准制定中的话语权和主导权。

（二）创建多元化的创新资金链

围绕高技术产业创新链，加快完善多元化的资金链，确保高技术企业技术创新的不同阶段均能得到充足的资金，推进技术创新的顺利实施。

一是提高商业银行支持力度，构建多层次的银行体系，国家大型国有银行为大型高技术企业提供支撑，地方股份制银行等金融机构建立面向中小型高技术企业的银行科技信贷机制。鼓励商业银行创新经营方式，创新银行科技信贷的模式和担保方式，支持商业银行发展与高技术产业相关的绿色金融、战略新兴产业金融，深挖高技术产业的个性化金融需求，为高技术产业提供定制化金融服务方案。

二是完善资本市场建设，大力发展股权转让交易市场，建立股权市场向新三板、创业板、中小板及主板的转板机制，加强高技术企业创新成果在转化过程中的资金需求保障。

[1] 姜江. 以知识产权政策促进高技术产业转型升级［J］. 中国经贸导刊，2014（15）.

三是培育风险投资市场，建立针对风险投资公司的信用担保制度和针对被投资的技术创新企业的产品采购制度，鼓励携带技术的风险投资，针对将资金技术捆绑投入目标企业的风险投资者给予支持。积极发展众筹股权融资，促进社会闲散资金流入高技术企业的创新领域。

（三）加强多层次人才保障

创新人才是提升高技术产业创新能力、加快落实创新驱动发展战略的中坚力量。

一要加大教育体制改革，建立有效的人才培养机制，必须面向企业的需求，发挥企业的主体作用。在人才培养方面，注重基础科学人才和应用技术人才、科研专业人才和科研管理人才均衡发展。培养高层次人才的目的是提高科技创新能力，并最终将科技创新转化为现实生产力。建立企校联合人才培养的新机制和新模式，促进应用型、技能型、创新型和复合型人才的培养，特别是对高层次、高水平、高素质的高技术产业领军人才的培养。

二是健全人才流动机制，为高技术人才创造良好的科研环境和生活环境，为我国高技术产业奠定人力基础。完善科技人员创新创业政策，积极贯彻执行国家关于科技人才双向选择的规定，促进科研单位和企业科技队伍的结构合理化。鼓励高科技人才在企业兼职服务或者创办高新技术企业，培养高层次科技创新型企业家。重视国际科技人才的流动，要重视挖掘优秀科技人才，支持企业引进高层次人才，努力解决我国在一些领域的科技人才短缺问题。

（四）加快创新体制改革

优化高技术产业创新的制度环境，建立系统完备、衔接配套和有效激励相结合的政策制度体系，充分发挥法治对技术创新的引导、推动、规范和保障作用。

一要健全产学研创新合作机制，发挥市场机制在资源配置中的决定性作用，优化创新资源配置，提高科技资源的使用效率和效益，促进科技创新成果转化，促进高技术产业化。

二要完善创新激励机制，建立健全有利于科技成果转化的利益导向机制，充分激发科研工作者的创新积极性，重点从顶层设计及法律层面，加强相关政策衔接，使各类激励高技术领域的创新创业政策落地生根。

三要创新管理体制。继续加大经营者集中反垄断审查力度，有效防范通过并购获取垄断地位并损害市场竞争的行为，在保证国家安全的前提下，促进相关领域的对外开放。加快改革产业准入和监管制度，简化行政审批、核准程序，进一步提高审批、核准效率。

四要完善科技服务机制。积极推进“放管服”改革，坚决清理不规范的中介服务，加强对各类中介服务机构的监管，积极探索收费服务改革，将与行政审批相关的中介服务费用逐步改为政府购买服务收费，以实际行动降低高技术创新企业的制度性交易成本。

（五）优化创新软环境

一要优化创新创业文化。加大对创新创业理念的宣传，树立创新创业的示范榜样，营造良好的舆论环境，让创新创业者成为时代的楷模和骄傲。倡导包容的创新创业文化，“不以成败论英雄”，从文化层面提升全社会对创业创新者的认可和尊重，营造宽容失败、允许试错、敢于开拓的社会文化氛围。

二要厚植工匠文化。匠心需要打磨，工匠精神需要坚守。大力营造爱岗敬业、诚实守信、严谨认真的氛围，在全社会形成尊重技能人才、认同技能人才、争当技能人才的主流价值观念。强化知识产权保护，严厉打击假冒伪劣，防止出现“劣币驱逐良币”的逆淘汰，构建有利于工匠精神形成的法制、标准体系，建设支撑工匠精神的体制文化。

三要提升政府监管水平。探索包容创新的审慎监管制度，主动适应新一轮技术革命趋势，努力把握市场监管规律，树立科学监管理念，创新监管模式，切实提高事中事后监管的针对性、有效性。以大数据、云计算、物联网等现代信息技术为支撑，不断提升信息技术的监管手段，破解监管难题，服务高技术产业的创新发展。

（执笔人：杨威）

参考文献

1. 刘红梅，陈文苑.中国集成电路产业未来发展之路探析［J］. 当代经济，2017（4）.
2. 胡姝阳.巨资购新药专利 投资推医药创新［N］. 中国知识产权报，2017-4-26（10）.
3. 陈红霞.35 亿并购美国药企 人福医药海外市场步入收获期［J］. 21世纪经济报道，2016-3-31（17）.
4. 王雪青，李兴彩. 长电科技衔命出海 杠杆并购上演“蛇吞象”［N］. 上海证券报，2015-1-15（F3）.
5. 工信部赛迪研究院高技术产业形势分析课题组. 创新驱动显效 高技术产业将成经济发展新引擎［N］. 中国工业报，2016-5-10（A02）.
6. 2016年中国医药生物技术十大进展评选结果揭晓［J］. 中国医药生物技术，2017（1）.
7. 白毅. 国产医械勇立科技创新潮头［N］. 中国医药报，2016-7-19（3）.
8. 卢泽华. 中国北斗 导航全球［N］. 人民日报海外版，2016-9-12（9）.
9. 邓茜，张家伟. 中国航空航天企业加快“走出去”步伐［N］. 人民日报海外版，2016-7-18（2）.
10. 陈炳欣，刘静. 集成电路：探寻发展新模式［N］. 中国电子报，2017-5-19（1）.
11. 吴德群. 自主创新之“花”收获海外之“果”［N］. 深圳特区报，2017-2-1（A1）.
12. 裘江南，张野. 中国高技术企业国际化中的专利布局研究［J］. 科研管理，2016（11）.
13. 明小满. 中国集成电路的发展现状与发展建议［J］. 通讯世界，2017（4）.
14. 陈枫，刘平. 仪器仪表行业［R］. 装备制造业蓝皮书，2016.
15. 张桢. 我国高技术产业发展、金融结构优化与产业升级——基于最优金融结构理论的实证分析［J］. 工业技术经济，2016（2）.
16. 张于喆. 高技术产业和战略性新兴产业面临问题的对策建议［J］. 中国经贸导刊，2017（7）.
17. 王剑华，马军伟，洪群联. 促进战略性新兴产业与金融业共生发展［J］. 宏观经济管理，2017（4）.
18. 刘亮. 航天企业高技能人才培养的思考［J］. 企业改革与管理，2017（8）.
19. 牛珩，周建中. 海外引进高层次人才学科领域的定量分析与国际比较［J］. 科技管理研究，2017（6）.
20. 余仲华，朱志胜. 高层次人才发展困境探析［J］. 中国卫生人才，2017（1）.
21. 杨艳，我国科技创新文化建设存在的问题及其原因分析［J］. 学理论，2017（1）.
22. 姜江. 以知识产权政策促进高技术产业转型升级［J］. 中国经贸导刊，2014（15）.

政策述评

ZHENGCE SHUPING

党的十八大以来落实新发展理念、推动实施创新驱动发展战略，更好适应和引领经济发展新常态之政策述评

内容摘要：近些年来，为推动落实新发展理念、推动实施创新驱动发展战略，更好地适应和引领经济发展新常态，实施创新驱动发展战略，我国颁布和实施了《关于深化体制机制改革，加快实施创新驱动发展战略的若干意见》《国家创新驱动发展战略纲要》等重要政策。这些政策的实施主要是为了推动经济包容性增长、营造激励创新的公平竞争环境、推动产业创新发展，培育和有效配置创新人才和资源。与以往政策相区别，这些政策更加注重发挥市场作用，更加注重环境营造和普惠性政策，更加注重体制机制改革和创新，更加注重采用多样化政策手段。

为进一步推动我国更好适应和引领经济发展新常态，完善现行政策体系，还需加强顶层设计和统筹协调，切断政策打架病根；加快推进相关政策落地，进一步提高政策的可操作性；加大对政策的后续评估，加强对政策的修改和完善；增加对需求侧政策的使用，加强对政策工具的创新。

一、近期主要政策概述

（一）落实与新发展理念相关的政策

2015年，党的十八届五中全会及其通过的《中共中央关于制定国民经济和社会发展第十三个五年规划的建议》提出了全面建成小康社会的新目标，首次提出创新、协调、绿色、开放、共享五大发展理念，为中国“十三五”乃至更长时期的发展描绘出新蓝图。近两年来，中共中央、国务院积极贯彻落实五大发展理念，颁布和实施了一系列政策文件，主要包括以下几个方面。

1. 落实创新发展理念。早在2012年党的十八大时，中共中央、国务院就提出了推动实施创新驱动发展战略，在党的十八届五中全会之前就已经颁布了《关于深化体制机制改革，加快实施创新驱动发展战略的若干意见》和《国家创新驱动发展战略纲要》等纲领性和综合性文件，通过顶层设计来推动我国创新发展。党的十八届五中全会之后，还陆续出台了《关于印发“十三五”国家科技创新规划的通知》和《关于实行以增加知识价值为导向分配政策的若干意见》等。

2. 落实协调发展理念。出台了《兴边富民行动“十三五”规划》《东北地区与东部地区部分省市对口合作工作方案的通知》《东北振兴“十三五”规划》《关于全面振兴东北地区等老工业基地的若干意见》《促进中部地区崛起“十三五”规划》《西部开发“十三五”规划》《川陕革命老区振兴发展规划》等政策文件，推动区域协调发展；发布《关于创新农村基础设施投融资体制机制的指导意见》《国务院办公厅关于支持返乡下乡人员创业创新促进农村一二三产业融合发展的意见》《国务院关于深入推进新型城镇化建设的若干意见》等，促进城乡协调发展；印发《关于经济建设和国防建设融合发展的意见》等，推动经济与国防协调发展。

3. 落实绿色发展理念。出台了《十三五”生态环境保护规划》《大气污染防治行动计划》《水污染防治行动计划》《生态环境损害赔偿制度改革试点方案》等，加强生态环境保护，加大环境治理力度；印发了《工业绿色发展规划（2016—2020年）》《关于构建绿色金融体系的指导意见》《电动汽车充电基础设施发展指南（2015—2020年）》等，鼓励和推动产业绿色低碳循环发展；印发了《国务院关于同意新增部分县（市、区、旗）纳入国家重点生态功能区的批复》等政策文件，加快建设主体功能区。

4. 落实开放发展理念。颁布了《自由贸易试验区外商投资准入特别管理措施（负面清单）》（2017年版）、《全面深化中国（上海）自由贸易试验区改革开放方案》、《加快实施自由贸易区战略的若干意见》等，推动自由贸易试验区建设；印发了《扩大对外开放积极利用外资若干措施》，扩大对外开放力度和深度；发布《推动共建丝绸之路经济带和21世纪海上丝绸之路的愿景与行动》等政策文件，推进“一带一路”建设，推进我国积极参加全球经济治理。

5. 落实共享发展理念。主要颁布了《加强困难群众基本生活保障有关工作》《“十三五”脱贫攻坚规划》《关于做好农村最低生活保障制度与扶贫开发政策有效衔接指导意见》等政策，推动脱贫攻坚，解决我国贫困人口的生活保障问题；还印发了《“十三五”国家老龄事业发展和养老体系建设规划》《完善支持政策促进农民持续增收的若干意见》等文件，解决我国老龄人口对养老的需求问题，支持农民返乡创业等事业发展。

上述内容参见表1所示。

表1 2015—2017年关于落实新发展理念的主要政策文件

年份	政策文件名称
2015	生态环境损害赔偿制度改革试点方案
2016	促进中部地区崛起“十三五”规划
2016	国务院关于印发“十三五”生态环境保护规划的通知
2016	国务院办公厅关于完善支持政策促进农民持续增收的若干意见
2016	国务院关于印发“十三五”脱贫攻坚规划的通知
2016	国务院办公厅关于建立统一的绿色产品标准、认证、标识体系的意见
2016	国务院办公厅关于支持返乡下乡人员创业创新促进农村一二三产业融合发展的意见
2016	国务院关于东北振兴“十三五”规划的批复
2016	国务院关于深入推进实施新一轮东北振兴战略加快推动东北地区经济企稳向好若干重要举措的意见
2016	国务院办公厅转发民政部等部门关于做好农村最低生活保障制度与扶贫开发政策有效衔接指导意见的通知
2016	国务院关于同意新增部分县（市、区、旗）纳入国家重点生态功能区的批复
2016	国务院关于印发北京加强全国科技创新中心建设总体方案的通知
2016	国务院关于川陕革命老区振兴发展规划的批复
2016	国务院关于成渝城市群发展规划的批复
2016	国务院关于深入推进新型城镇化建设的若干意见
2016	国务院关于支持沿边重点地区开发开放若干政策措施的意见
2016	国务院关于加快实施自由贸易区战略的若干意见
2016	关于经济建设和国防建设融合发展的意见
2016	中共中央 国务院关于全面振兴东北地区等老工业基地的若干意见
2016	工业绿色发展规划（2016—2020年）
2016	大气污染防治行动计划
2016	水污染防治行动计划
2016	国有林场改革方案
2016	国有林区改革指导意见
2017	国务院办公厅关于印发兴边富民行动“十三五”规划的通知
2017	国务院办公厅关于转发国务院国资委以管资本为主推进职能转变方案的通知
2017	国务院关于印发全面深化中国（上海）自由贸易试验区改革开放方案的通知
2017	国务院办公厅关于印发东北地区与东部地区部分省市对口合作工作方案的通知

（续表）

年份	政策文件名称
2017	国务院关于印发“十三五”国家老龄事业发展和养老体系建设规划的通知
2017	国务院办公厅关于创新农村基础设施投融资体制机制的指导意见
2017	国务院办公厅关于加强困难群众基本生活保障有关工作的通知
2017	国务院办公厅关于促进开发区改革和创新发展的若干意见
2017	国务院关于扩大对外开放积极利用外资若干措施的通知
2017	国务院办公厅关于印发自由贸易试验区外商投资准入特别管理措施（负面清单）的通知（2017年版）

资料来源：根据公开资料整理。

（二）推动实施创新驱动发展战略的相关政策

2012年，党的十八大明确提出，“科技创新是提高社会生产力和综合国力的战略支撑，必须摆在国家发展全局的核心位置”，同时强调要坚持走中国特色自主创新道路、实施创新驱动发展战略[1]。党的十八大以来，以习近平同志为核心的党中央紧密围绕推动实施创新驱动发展战略，出台、颁布和实施了一系列政策和措施。这些政策是党中央适应新常态、把握新常态、引领新常态的重要举措，也是我国贯彻落实五大发展理念的重要表现。这些政策主要有如下方面。

1. 综合类

党的十八大以来，为推动实施创新驱动发展战略，中共中央、国务院发布和实施的纲领性和综合性的政策文件主要有《关于深化体制机制改革，加快实施创新驱动发展战略的若干意见》（以下简称《若干意见》）和《国家创新驱动发展战略纲要》（以下简称《战略纲要》）等。《若干

[1] 对于创新驱动的含义，不同学者有不同看法，但整体分歧不大，本文理解的创新驱动发展包括两个方面的含义：一是中国未来的发展要靠科技创新驱动，而不是传统的劳动力以及资源能源驱动；二是创新的目的是为了驱动发展，而不是为了发表高水平论文。

意见》提出加快实施创新驱动发展战略的实质是“要使市场在资源配置中起决定性作用和更好发挥政府作用，破除一切制约创新的思想障碍和制度藩篱，激发全社会创新活力和创造潜能”，强调提高经济活动中的各种生产要素的效率和效益，将科技创新落到产业、经济、生产力上来。《若干意见》还分别从营造激励创新的公平竞争环境，建立技术创新市场导向机制，强化金融创新的功能，完善成果转换激励政策，构建高效科研体系，以及创新培养、用好和吸引人才机制，推动创新深度融合的开放创新局面等方面对体制机制进行了深入改革。

与《若干意见》不同，《战略纲要》主要阐述了创新驱动战略的目标、战略布局和战略任务。《战略纲要》提出了分三步走的战略目标：第一步，到2020年进入创新型国家行列；第二步，到2030年跻身创新型国家前列；第三步，到2050年建成世界科技创新强国，成为世界主要科学中心和创新高地。《战略纲要》对实施创新驱动战略进行了“坚持双轮驱动、构建一个体系、推动六大转变”的战略布局，即要坚持科技创新和体制机制创新两个轮子相互协调、持续发力，推进建设国家创新体系，推动发展方式、创新能力等六大转变。《战略纲要》还提出实施推动产业技术体系创新、强化原始创新、优化区域创新布局、深化军民融合、壮大创新主体、建设高水平人才队伍等方面的战略任务。

2. 专项类

为推动落实创新驱动发展战略，进一步深入细化《若干意见》和《战略纲要》，中共中央、国务院以及各部委还出台了一系列专项规划和政策。这些政策和规划主要包括修订出台《促进科技成果转化法》，印发《“十三五”国家科技创新规划》，颁布《深化科技体制改革实施方案》《关于改进加强中央财政科研项目和资金管理的若干意见》《关于深化中央财政科技计划（专项、基金等）管理改革的方案》《关于国家重大科研基础设施和大型科研仪器向社会开放的意见》等，主要从科技角度，提出了落实创新驱动发展战略的“施工蓝图”，积极营造激励创新的良好生态（包括市场、政策与制度环境等），着力破除创新活动面临的各类体制机制障碍，体现了新时期科技创新政策体系建设的最新思路。

与此同时，国务院先后发布《中国制造2025》《关于积极推进“互联网+”行动的指导意见》《关于大力推进大众创业万众创新若干政策措施的意见》等一系列重要文件，主要从产业角度为创新驱动发展指明了战略方向。具体政策包括：修订了《高新技术企业认定管理办法》，在科研人员比例、研发费用占比等核心条件上放宽标准，让更多企业、特别是中小企业受惠于高新技术企业的税收政策；制定了《国家科技成果转化引导基金贷款风险补偿管理暂行办法》，充分发挥财政资金的杠杆作用，促进科技与经济的结合；出台《注册资本登记制度改革方案》，着力推动商事制度改革，简化注册审批手续，激发创新创业活力；发布《关于促进市场公平竞争维护市场正常秩序的若干意见》，为营造公平竞争的市场环境提供保障；推动多层次资本市场建设，发布《国务院关于全国中小企业股份转让系统有关问题的决定》，新三板扩容提速，为中小微企业、特别是创新型企业提供了便捷的直接融资渠道，决定在上海证券交易所建立战略新兴板，支持战略性新兴产业和高技术企业发展，为股票发行注册制改革提速，为创新驱动发展提供资本市场支撑；推动创新驱动在基层生根发芽，出台《关于县域创新驱动发展的若干意见》，加强建设创新型县（市）和创新型乡镇，整合优化县域创新创业资源，促进实现县域创新驱动发展。

上述内容参见表2所示。

表2 党的十八大以来关于创新驱动发展战略的主要政策

年份	政策文件名称
2013	关于全国中小企业股份转让系统有关问题的决定
2014	关于改进加强中央财政科研项目和资金管理的若干意见
2014	注册资本登记制度改革方案
2014	关于国家重大科研基础设施和大型科研仪器向社会开放的意见
2014	关于促进市场公平竞争维护市场正常秩序的若干意见
2015	促进科技成果转化法
2015	深化科技体制改革实施方案
2015	关于深化中央财政科技计划（专项、基金等）管理改革的方案
2015	关于大力推进大众创业万众创新若干政策措施的意见
2015	中国制造2025
2015	关于积极推进“互联网+”行动的指导意见
2016	高新技术企业认定管理办法
2015	国家科技成果转化引导基金贷款风险补偿管理暂行办法
2015	关于新形势下加快知识产权强国建设的若干意见
2015	关于促进加工贸易创新发展的若干意见
2015	关于印发促进科技成果转移转化行动方案的通知
2016	关于深化制造业与互联网融合发展的指导意见
2016	关于印发“十三五”国家科技创新规划的通知
2016	关于在市场体系建设中建立公平竞争审查制度的意见
2016	关于实行以增加知识价值为导向分配政策的若干意见
2016	关于印发“十三五”国家战略性新兴产业发展规划的通知
2016	关于创新政府配置资源方式的指导意见
2017	关于印发知识产权综合管理改革试点总体方案的通知
2017	关于印发“十三五”国家知识产权保护和运用规划的通知
2017	关于2017年深化经济体制改革重点工作意见的通知
2017	关于县域创新驱动发展的若干意见
2017	国务院办公厅印发关于深化科技奖励制度改革方案的通知
2017	国务院关于进一步削减工商登记前置审批事项的决定
2017	国务院办公厅关于加快推进“多证合一”改革的指导意见

资料来源：根据中央人民政府网站政策文件库整理。

二、现有政策的主要目标及要解决的问题

（一）推动经济包容性增长

一是推动社会和经济协调发展，推动经济可持续发展。以往我国经济发展主要依靠物质资源投入，以牺牲生态环境和利用廉价的劳动力成本优势，通过扩大出口，推进我国经济快速增长。经过几十年的发展，我国人均收入已经从低收入迈向中等收入，我国工业发展阶段发生重大转变，经济发展也进入新常态，不能再按照过去的老路子推动经济增长，必须依靠创新驱动，高效利用生产资源和要素，深度利用全球资源，推动我国经济增长可持续发展，因此，近期我国出台了诸多政策来推动落实创新发展、绿色发展和开放发展理念。

二是提高经济发展质量，提升居民在经济发展中的幸福感和获得感。以往的经济发展是以快速做大GDP为重要导向的，从而解决我国居民的温饱问题，迅速满足居民的物质追求。过去几十年的发展也基本实现了这些目标，在新阶段我国居民的幸福感和获得感从物质开始转向重视物质、兼顾重视精神和生活，《十三五”生态环境保护规划》《大气污染防治行动计划》《水污染防治行动计划》《生态环境损害赔偿制度改革试点方案》等就体现了这一转变。

三是让更多的人享受经济增长成果，让弱势群体得到保护。比如出台了《兴边富民行动“十三五”规划》《关于全面振兴东北地区等老工业基地的若干意见》《西部开发“十三五”规划》《川陕革命老区振兴发展规划》等政策文件，就是为了推动落后地区或是发展遇到困难的地区在发展中不

掉队，让这些地区的居民也能享受到经济发展带来的成果；而发布《加强困难群众基本生活保障有关工作的通知》《“十三五”脱贫攻坚规划》《关于做好农村最低生活保障制度与扶贫开发政策有效衔接指导意见》等文件，就是要让经济发展的实惠落到每一个居民的身上，特别是落到贫困人群的身上，实现全体人民迈入全面小康社会。

（二）营造激励创新的公平竞争环境

营造公平竞争环境，最重要的是要解决政府和市场的关系，政府的资源配置方式会严重影响市场形成公平竞争环境。党的十八届三中全会审议通过的《中共中央关于全面深化改革若干重大问题的决定》（简称《决定》）从顶层设计的视角提出了一个关于政府和市场的重大理论观点，即“使市场在资源配置中起决定性作用和更好发挥政府作用”。《关于深化体制机制改革加快实施创新驱动发展战略的若干意见》也对这一关系进行了强调和贯彻。2016年，中共中央办公厅、国务院办公厅联合印发的《关于创新政府配置资源方式的指导意见》为解决当前政府配置资源中存在的市场价格扭曲、配置效率较低、公共服务供给不足等突出问题，提出了“需要从广度和深度上推进市场化改革，大幅度减少政府对资源的直接配置，创新配置方式，更多引入市场机制和市场化手段，提高资源配置的效率和效益”。从具体政策和措施来看，2014年国务院出台了《关于促进市场公平竞争维护市场正常秩序的若干意见》，对鼓励公平竞争和提高监管质量进行了规定：一是要求放宽市场准入，严厉惩处垄断行为和不正当竞争行为；二是强化市场主体行为监管，改进市场监管执法和改革监管执法体制。2016年，为了限制政府的资源配置方式对市场体系的干预，比如国家产业政策对重点企业的倾斜和地方政府对本地市场的保护等，国务院出台了《关于在市场体系建设中建立公平竞争审查制度的意见》，提出要从维护全国统一市场和公平竞争的角度，按照市场准入和退出标准、商品和要素自由流动标准等逐步清理废除妨碍全国统一市场和公平竞争的规定与做法。

公平竞争会在一定程度上促进企业为培育和打造企业核心竞争力而进行自主创新，从而激励整个社会创新。更为直接的是通过知识产权保护等制度完善，通过保障个人和企业创新的权益，能营造一个激励整个社会进行创新的环境。近几年我国出台了一系列推进知识产权保护制度建设的政策文件，主要包括《关于新形势下加快知识产权强国建设的若干意见》《知识产权综合管理改革试点总体方案》《“十三五”国家知识产权保护和运用规划》等。

（三）推动产业创新发展

推动创新驱动发展战略的一个重要落脚点是要将科技创新落到经济、产业和现实生产力上。推动产业创新发展是我国推动创新驱动发展战略的一个重要目标。当前，我国的一系列政策主要从两个方面来促进产业创新发展：一方面是做大做强高新技术产业。比如，2016年发布的《高新技术企业认定管理办法》为扶持和鼓励高新技术企业发展，首先对我国高新技术企业的认定进行了相关规定，并为完善高新技术企业的税收优惠等优惠条件实施提出了相关管理办法。同年发布的《“十三五”国家战略性新兴产业发展规划》则为促进“十三五”期间我国节能环保、新一代信息技术、生物、高端装备制造、新能源、新材料和新能源汽车等战略性新兴产业快速发展提出了相关路径、任务和工程。另一方面是采用新技术新模式改造传统产业，这些政策文件主要包括《中国制造2025》《关于积极推进“互联网+”行动的指导意见》和《关于深化制造业与互联网融合发展的指导意见》。其中，《中国制造2025》要求新一代信息技术和智能制造技术与传统制造业融合发展；《关于积极推进“互联网+”行动的指导意见》强调推动互联网与制造业融合，提升制造业的数字化、网络化、智能化水平，加强产业链协作，发展基于互联网的协同制造新模式。为贯彻落实这两个政策文件，2016年国务院发布《关于深化制造业与互联网融合发展的指导意见》，着重解决传统企业运用互联网的意识和能力不足、互联网企业对传统产业理解不够深入、新业态发展面临体制机制障碍、跨界融合型人才严重匮乏等问题。

（四）培育和有效配置创新人才和资源

创新人才和资源是推动创新驱动发展的微观单元，也是促进产业创新发展的最原始动力，营造激励创新的公平竞争环境也是为了培育和有效配置这些创新要素。党的十八大以来，我国出台了一系列政策来培育和有效配置创新人才和资源。

在创新人才方面：一是要培育创新人才，比如《“十三五”国家科技创新规划》提出要加快培育集聚创新型人才队伍，推进创新型科技人才结构战略性调整，大力培养和引进创新型科技人才。二是要完善创新人才流动机制，有效配置创新人才。比如《“十三五”国家科技创新规划》强调完善人才流动机制，改进科研人员薪酬和岗位管理制度，破除人才流动障碍，研究制定高等学校、科研院所等事业单位科研人员离岗创业的政策措施，允许高等学校、科研院所设立一定比例的流动岗位，吸引具有创新实践经验的企业家、科技人才兼职，促进科研人员在事业单位和企业间合理流动。三是要通过完善收益分配制度和改革成果转换激励机制来用好创新人才。比如《关于实行以增加知识价值为导向分配政策的若干意见》提出实行以增加知识价值为导向的分配政策，推动形成体现增加知识价值的收入分配机制，扩大科研机构、高校的收入分配自主权，加强科技成果产权对科研人员的长期激励等。而《促进科技成果转移转化行动方案》则要求围绕科技成果转移转化的关键问题和薄弱环节，加强系统部署，抓好措施落实，形成以企业技术创新需求为导向、以市场化交易平台为载体、以专业化服务机构为支撑的科技成果转移转化新格局。

在创新资源方面：一是要改善基础研究的资金支持方式。比如《关于改进加强中央财政科研项目和资金管理的若干意见》和《关于深化中央财政科技计划（专项、基金等）管理改革的方案》都对中央财政资金支持基础研究进行了一定程度的改革和完善。二是要提高创新资源的综合利用效率。比如《关于国家重大科研基础设施和大型科研仪器向社会开放的意见》提出要解决科研设施与仪器的利用率和共享水平不高、部分科研设施与仪器重复建设和购置、闲置浪费现象严重、科研设施与仪器对科技创新的服务和支撑作用没有得到充分发挥等问题，并大力加快推进科研设施与仪器向社会开放，进一步提高科技资源的利用效率。

三、现有政策的主要特点

（一）更加注重从供给侧发力

从政策导向来看，相比于经济与合作组织（OECD）国家，我国现有政策更加注重从供给侧发力。为推动本国经济创新发展，OECD国家采取了一系列需求侧的政策，比如创新型政府采购政策、培育领先市场、推动来自需求方的创新[1]。与OECD这些国家相比较，我国更偏重于在供给侧出台和实施一系列推动创新驱动发展的政策，比如从2015年开始，我国就开

[1] 2011年，经济与合作组织（OECD）出版了《需求面创新政策》的报告，对需求面政策的理论和各国实践进行了系统阐述。

始启动和实施以去产能、去库存、去杠杆、降成本、补短板为重点的供给侧结构性改革，推动经济向提高质量和效益发展。这主要是因为目前制约我国创新驱动发展的很多问题主要集中在供给层面，如长期存在的结构、技术、效率等供给侧问题[1]，需要通过这些政策重点在营造激励创新的公平竞争环境、推动产业创新发展、培育和有效配置创新人才和资源等供给侧方面发力。

（二）更加注重发挥市场作用

与以往政策相比，我国现行政策普遍注重发挥市场作用，这主要表现在：一是现行政策强调营造激励创新的公平竞争环境就是为了促进市场更好发挥作用，让企业在规范的市场体系中通过创新培育核心竞争力。二是现行政策倾向于“简政放权、放管结合、优化服务”，减少政府对市场干预，加强政府对市场体系建设的服务，鼓励政府做增强市场功能性政府。三是与以往强调科研院所在科技创新中的作用不同，近些年来的政策越来越重视让企业成为创新的主体。比如《关于深化体制机制改革加快实施创新驱动发展战略的若干意见》（以下简称《若干意见》）提出建立技术创新市场导向机制，要扩大企业在国家创新决策中的话语权，完善企业为主体的产业技术创新机制。四是政策手段和措施更多地采用市场化方式和与市场相结合。例如，最近一段时间常使用的政府和私人部门合作（PPP）模式，就是在纯公共领域和准公共领域采取市场竞争的方式提供服务。

（三）更加注重环境营造和普惠性政策

以往政策在扶持创新企业或建设创新项目时，偏重于选择性政策，选择重点企业或重点科研院所给予支持。而党的十八大以来，我国创新驱动

---

[1] 洪银兴（2017）认为我国改革的着力点应由需求侧转向供给侧。并主张，长期存在的结构、技术、效率等供给侧问题，不会因转向市场经济就能自动解决，也不可能靠需求侧的调节来解决。

发展战略政策更加注重环境营造，更多采用普惠性政策，通过对全社会企业的税收优惠等普惠性政策来促进这些企业在平等条件下竞争，进而让市场选择出创新冠军，避免出现寻租和企业垄断等不利影响。例如，《若干意见》重点强调营造激励创新的公平竞争环境，在具体支持上要求提高普惠性财税政策的支持力度，坚持结构性减税方向，逐步将国家对企业技术创新的投入方式转变为以普惠性财税政策为主。无独有偶，2015年6月，国务院颁布的《关于大力推进大众创业万众创新若干政策措施的意见》也提出要完善普惠性税收措施，落实扶持小微企业发展的各项税收优惠政策，在鼓励企业创新发展上不再仅仅“抓大放小”。

（四）更加注重体制机制改革和创新

现行政策更加注重体制机制改革和创新，更加注重从制度层面上破除限制创新活动的种种束缚，扭转了以往政策偏重财税、金融等政策对创新活动支持的路径依赖。改革开放以来，经过40多年的经济社会发展，我国已经成为一个资本、技术人才等要素充裕的国家，绝对意义上的人口红利不断消失，接下来要推动我国创新驱动发展，推动经济稳定快速增长，只能坚定从体制机制改革中寻找红利，进而释放出更大的创新活力和创造潜能。认识到这一点，党的十八大以来，中共中央、国务院坚定不移地出台政策推动我国体制机制的改革和创新，《关于深化体制机制改革加快实施创新驱动发展战略的若干意见》（以下简称《若干意见》）的颁布和实施最能体现这一重要变化。《若干意见》出台后，政府各部门纷纷出台了一系列政策措施来细化和落实《若干意见》，比如《关于实行以增加知识价值为导向分配政策的若干意见》是为了落实《若干意见》中“完善成果转化激励”的政策方向，而《关于创新政府配置资源方式的指导意见》则是为了更好地落实《若干意见》中提到的“营造激励创新的公平竞争环境”。

（五）更加注重采用多样化政策手段

现行政策不断借鉴和吸收国外政策手段的先进做法，不断创新对政策工具的使用，更加注重采用多样化的政策手段。比如，为提高政府在纯公共领域、准公共领域基础设施等项目建设中的资金使用效率，近些年开始创新使用政府和私人部门合作（PPP）模式；为扶持战略性新兴产业发展，提高政府资金对这些产业的支持效率，近些年来广泛使用产业投资基金，通过政府资金的引导来增加社会各界资金对战略新兴产业的扶持力度，同时又减少了过去特定产业扶持方式所带来的对市场公平竞争的影响；为提高政府监管质量，转变政府职能，国务院还出台了一系列关于负面清单管理办法的政策文件，创新政府对市场准入的监管方式；在对出口贸易的支持上，我国已经不仅仅限于出口退税等政策扶持方式，近些年以来，我国更是在战略谋划和信息服务上发力，以便利企业"走出去"；为推动基层特别是县域的创新驱动发展，积极采取和推广"科技镇长团""博士服务团"等模式，提升县域的人才集聚和创新管理服务能力。

（六）坚持长期性与短期性相结合

现行政策体系既注重从长远的角度规划我国建设创新型国家的战略方向和战略路径，又注重着眼于当下并结合考虑当前国情、当前短期现实需要，从短期的角度来规划最近几年的战略目标和战略任务。《国家创新驱动发展战略纲要》规划了我国创新驱动发展的长远目标，即通过分三步走，到2050年将我国建成世界科技创新强国，成为世界主要科学中心和创新高地。《中国制造2025》也是规划了未来10年的我国制造业创新发展的战略目标、战略路径和战略任务，提出要到2025年，我国制造业整体素质大幅提升，创新能力显著增强，全员劳动生产率明显提高，两化（工业化和信息化）融合迈上新台阶。而《“十三五”国家科技创新规划》《“十三五”国家战略性新兴产业发展规划》等则注重短期规划，侧重于解决未来5年内我国相关行业和领域创新发展的目标和任务。

（七）坚持指导性与操作性相结合

现行政策体系既注重出台和颁布具有指导性的纲领性和综合性政策文件，指导各部门未来的改革方向，也注重具体落实这些指导文件，制定解决当前制约创新发展现实问题的政策措施。《关于深化体制机制改革加快实施创新驱动发展战略的若干意见》指明了未来很长一段时间我国推动创新驱动发展战略的体制机制改革方向，这些细化的体制机制改革方向有机耦合在一起，形成一个完整的政策体系，需要在新时期的很长一段时间内具体落实，对各部门接下来的工作具有重要指导意义。但现行政策体系并不仅仅流于表面，各部门还出台了一系列措施，在于短期解决实质性问题，落实纲领性文件，可操作性强。比如为推动政府简政放权，便利企业注册，2015年国务院办公厅颁布《关于加快推进“三证合一”登记制度改革的意见》，提出将由工商行政管理（现市场监管）、质量技术监督（现市场监管）、税务三个部门分别核发不同证照，改为由工商行政管理（现市场监管）部门核发一个加载法人和其他组织统一社会信用代码的营业执照，即“一照一码”登记模式。

四、完善现有政策的几点建议

（一）加强顶层设计和统筹协调，切断政策打架病根

现行政策体系仍存在部分政策脱节、政策缺失、政策拥挤甚至政策冲突的现象，需要加强顶层设计和统筹协调，完善政策体系。

一是完善政策治理体系，做到从前期研究、制定出台到执行评估、督

察问责，全流程环环相扣、无缝对接。

二是处理好部门之间的关系，推动形成各部门各尽其责、各司其职、密切配合、协同发力的合作机制，共同制定和实施好政策。建立部际协商沟通机制，在政策法规的制定过程中，召开联席会议，避免出现冲突打架。

三是加强立法的严肃性，避免政策的随意出台，建立政策法规审查机制，经常性地对已颁行的政策法规进行梳理和处理，及时对有冲突的内容进行废止、修改和补充完善。

四是要在政策法规修订前，由政府法制办（现司法部门）对有关“打架”法规的适用问题予以明确，以提高政策的可操作性。

（二）加快推进相关政策落地，进一步提高政策的可操作性

现行政策体系的大多数政策都找准了制约我国创新驱动发展的各种问题，并提出了有效的解决方案和政策措施，但遗憾的是目前仍存在一些政策流于表面，不能有效落地，需要进一步提高政策的可操作性，加快推进相关政策落地。

一是要借助法律法规的强制力，将部分政策写入相关法律法规之中。

二是要加快推进专项规划和政策出台，推进配套措施的政策制定落实，细化政策措施，不能过于原则化，更不能模棱两可，要让地方政府和企业能看得明白、找得到操作办法。

三是对推行困难的重点政策成立专项督查小组，深入地方基层，结合微观案例，指导和促进这些政策的实施，并形成示范作用，带动其他地方效仿实施。

（三）加大对政策的后续评估，加强对政策的修改和完善

现行政策体系存在部分政策停留于制定和颁布，或者实施后期出现不适应时代发展的需要，这是因为一些现行政策缺少评估、监督、问责等环

节，需要加大对政策的后续评估，加强对政策的修改和完善，保证政策顺利落地，并能及时退出。

一是完善第三方评估体系，引入独立的专业评估机构对政策实施效果进行全方位评估，对政策实际效果或存在问题作出客观、公正的判断，并据此对政策进行修改和完善。

二是明确政府各部门在政策实施过程中的职责和作用范围，并建立合理的激励和惩罚机制，提高地方官员执行政策的积极性、主动性和创造性。

三是建立政策退出机制，每一项政策都有适用条件，环境变化会导致政策不再适用，因此在政策出台之前就应考虑退出机制。

（四）增加对需求侧政策的使用，加强对政策工具的创新

党的十八大以来，我国大部分政策都偏向于供给层面，也更加注重采用多样化的政策手段，这些政策都对推动创新驱动发展发挥了积极作用。但供给和需求不是孤立存在的，是一枚硬币的两面，我国创新驱动的大多数问题从供给侧出发有利于政策推进，但也有一些问题如果从需求侧出发则更有效。因此可以采取一些需求侧政策、特别是微观层面的需求政策来配合供给侧政策，比如加强政府采购、协调制定规制与标准、面向创新的消费补贴等需求侧政策对创新活动的支持，并在实际操作中加强对这些政策的具体手段和工具的创新，提高政策推进效率。

（执笔人：任继球）

参考文献

1. 常静. 重视“需求侧”创新政策，完善新时期创新政策体系［J］. 科技管理研究，2012（22）: 31–34.

2. 陈光，王继源. 我国创新政策转型研究［J］. 科技管理研究，2016（7）: 1–4.

3. 陈劲. 十三五的创新政策展望［J］. 科学与管理，2015（1）: 3–6.

4. 范柏乃，段忠贤，江蕾. 中国自主创新政策：演进，效应与优化［J］. 中国科技论坛，2013（9）: 5–12.

5. 洪银兴. 进入新阶段后中国经济发展理论的重大创新［J］. 中国工业经济，2017（5）: 5–15.

6. 梁正. 从科技政策到科技与创新政策——创新驱动发展战略下的政策范式转型与思考［J］. 科学学研究，2017（2）: 170–176.

7. 刘涛雄，罗贞礼. 从传统产业政策迈向竞争与创新政策——新常态下中国产业政策转型的逻辑与对策［J］. 理论学刊，2016（2）: 76–82.

8. 施筱勇. 创新驱动经济体的三大特征及其政策启示［J］. 中国软科学，2015（2）: 44–56.

9. 王唯薇. 国家创新体系下的创新政策: 概念, 评估和发展趋势［J］. 重庆科技学院学报（社会科学版），2012（21）: 52–54.

10. 魏江，李拓宇，赵雨菡. 创新驱动发展的总体格局，现实困境与政策走向［J］. 中国软科学，2015（5）: 21–30.

11. 魏世杰. 中国创新政策体系存在的问题和完善思路［J］. 中国科技论坛, 2017（2）: 5–10.

12. 雍兰利，赵朝霞. 面向创新驱动发展战略的中国创新政策重构［J］. 科技进步与对策，2015（11）: 98–101，102.

13. 詹正茂，舒志彪. 2006—2008 年我国政府创新政策评述［J］. 宏观经济研究，2010（3）: 88–95.

14. 张利珍，秦志龙. 十八大以来“创新驱动发展战略”研究：一个文献综述［J］. 四川理工学院学报（社会科学版），2015（4）: 83–90.

观点综述

GUANDIAN ZONGSHU

党的十八大以来落实新发展理念、推动实施创新驱动发展战略，更好适应和引领经济发展新常态之观点综述

内容摘要：基于文献检索与分析，从提出背景、基本内涵、逻辑关系、评价体系、国际比较、实现路径等方面，对党的十八大以来落实新发展理念、推动实施创新驱动发展战略的相关研究进行系统梳理，进而提出要加强创新驱动发展的内涵特征、细分行业、地方实践、评价体系等研究。

党的十八大报告强调要实施创新驱动发展战略，党的十八届五中全会提出要牢固树立创新、协调、绿色、开放、共享的发展理念，强调创新是引领发展的第一动力，这是我党放眼全球、立足全局、面向未来作出的重大战略部署。本文对党的十八大以来相关文献成果进行系统梳理，以期深化认识落实新发展理念、推动实施创新驱动发展战略的基本内涵和逻辑关系，更好适应和引领经济发展新常态。

一、关于落实新发展理念研究

（一）关于新发展理念提出背景的探讨

理念是行动的先导，一定的发展实践都是由一定的发展理念来引领的。面对全面建成小康社会决胜阶段复杂的国内外形势，面对当前经济社会发展的新趋势新机遇和新矛盾新挑战，党的十八届五中全会鲜明提出了创新、协调、绿色、开放、共享的发展理念（中共中央宣传部，2016）。已有文献研究认为，“五大发展理念”是适应时代发展、直面现实问题的全新理念。我国经过改革开放40多年的快速发展，正从以“物的依赖性”为特征的第二个历史发展阶段向以“自由个性”为特征的第三个阶段过渡，从“十三五”到21世纪中叶的30年是这个历史转变的关键时期（周绍东，2017）。我国经济发展告别低收入发展阶段进入中等收入发展阶段，不仅面临经济发展目标转变、中高速增长可持续、跨越“中等收入陷阱”、经济发展平衡性等重大问题，还面临依靠资源投入的传统发展动力衰减、资源环境供给达到极限、收入差距严重扩大、经济结构严重失衡、处于全球价值链低端、开放质量不高、人民对经济发展的获得感不足等发展难题，“五大发展理念”正是针对我国发展中的突出矛盾和问题而提出来的（洪银兴，2017）。

（二）关于新发展理念基本内涵的探讨

创新、协调、绿色、开放、共享的发展理念，是管全局、管根本、管长远的导向，具有战略性、纲领性、引领性。新发展理念指明了“十三五”乃至更长时期我国的发展思路、发展方向和发展着力点（中共中央宣传部，2016）。刘云山（2015）指出，新发展理念蕴含着解放思想、与时俱进的思想品格，蕴含着尊重规律、按规律办事的实践逻辑，贯穿着鲜明的问题导向，彰显着人民至上的价值取向，体现着辩证思维和统筹兼顾的科学方法论。

一方面，"五大发展理念"集中体现了马克思主义世界观、方法论和人本观。例如，崔治忠（2016）认为，"五大发展理念"坚持马克思主义关于事物普遍联系与发展的重要论断，重视经济社会发展的过程性和整体性；遵循对立统一规律和矛盾不平衡性，运用矛盾分析法来化解经济社会发展中遇到的各种问题；体现对人类社会发展规律、中国特色社会主义建设规律和党执政规律的深刻认识，是对马克思主义认识论的自觉运用；秉承马克思主义唯物史观，始终坚持发展为了人民、发展依靠人民、发展成果由人民共享的原则。张锋（2017）进一步指出，"五大发展理念"蕴含着丰富的马克思主义世界观，体现了事物的普遍联系和永恒发展；对"五大发展理念"的应用体现了马克思主义唯物辩证法，牢牢抓住了"发展"这个一切矛盾问题中的"牛鼻子"；"五大发展理念"的目标契合马克思主义人本思想，包含了人的全面发展。

另一方面，"五大发展理念"是中国特色社会主义理论体系的重要组成部分。例如，李淑英（2016）、郑姣姣（2016）、陈金龙（2016）认为，"五大发展理念"是为解决我国经济社会发展面临的突出矛盾和问题而提出的，是马克思自由全面发展理论与我国当代经济社会发展实践相结合的理论创新。其中，创新发展理念针对全球科技与经济竞争日趋激烈和我国创新能力较弱的突出矛盾，注重解决发展的动力源泉问题；协调发展理念针对经济总量高速增长与经济结构不平衡的突出矛盾，注重增强经济社会发展的整体性与系统性；绿色发展理念针对我国粗放型发展模式与资源、环境之间的突出矛盾，致力于实现经济社会发展与生态环境保护双赢；开放发展理念针对全球局势深刻变革与我国对外开放总体水平较低之间的突出矛盾，致力于解决经济发展的内外联动问题；共享发展理念针对解决社会公平正义问题，坚持人民主体地位，有效提升人民群众的福祉。顾海良（2016）也认为，“五大发展理念”以我国经济发展的社会性质和历史性质变化为根据，是对当代中国马克思主义政治经济学发展的新探索。其中，创新发展理念展示了中国特色社会主义政治经济学关于创新理论的新境界，协调发展理念提升了中国特色社会主义关于协调发展理论的视界，绿色发展理念是对世纪之交我国生态文明建设实践经验的总结和理论探索的凝练，开放发展理念是中国特色社会主义关于国际经济关系和经济全球化理论的升华，共享发展理念是对马克思主义关于社会主义生产目的理论、人的自由全面发展思想的拓展。洪银兴（2017）进一步指出，创新发展理念推动发展动力理论创新，协调发展理念推动发展结构理论创新，绿色发展理念推动财富理论创新，开放发展理念推动经济全球化理论创新，共享发展理念推动发展目的理论创新。

（三）关于新发展理念逻辑关系的探讨

“五大发展理念”既各有侧重又相互支撑，是具有内在联系的系统化逻辑体系（刘云山，2015）。

一方面，“五大发展理念”具有鲜明的辩证统一性。例如，李淑英（2016）认为，从理念内容来看，是动力、布局、途径、方式、方向的有机统一；从理念逻辑来看，是第一动力、内在要求、必要条件、必由之路、本质要求的有机统一；从发展诉求来看，是进步性、均衡性、持续性、整体性、公正性的有机统一；从价值诉求来看，是效益、平等、和谐、正义、公平的有机统一。谷亚光（2016）认为，“五大发展理念”体现了生产力与生产关系统一、发展目的与发展手段统一、自然环境与人类社会统一、当前利益与长远利益统一、发展速度与发展动力统一。崔治忠（2017）认为，“五大发展理念”体现了整体发展与重点突破的辩证统一、宏观指引与微观指导的辩证统一、目标导向与问题导向的辩证统一、合规律性与合目的性的辩证统一。

另一方面，“五大发展理念”在“问题倒逼”中协同发力。例如，中共中央宣传部（2016）、冯金华和卢文璟（2016）、陈金龙（2016）认为，“五大发展理念”集中体现了“十三五”乃至更长时期的我国发展思路、发展方向和发展着力点，即创新是发展的第一动力，协调、绿色、开放是发展的内在要求和重要体现，共享是发展的根本目的。中共中央宣传部（2016）、顾海良（2016）认为，创新是引领发展的第一动力，协调是持续健康发展的内在要求，绿色是永续发展的必要条件，开放是国家繁荣发展的必由之路，共享是中国特色社会主义的本质要求。李淑英（2016）认为，创新是核心，协调是关键，绿色是基础，开放是保障，共享是根本，“五大发展理念”指明了当代中国走向现代化和民族复兴的发展指针和发展路径。

（四）关于新发展理念重大意义的探讨

新发展理念符合我国国情，顺应时代要求，在理论和实践上有新的突破，对破解发展难题、增强发展动力、厚植发展优势具有重大指导意义（中共中央宣传部，2016）。“五大发展理念”创造性地回答了新形势下我们要实现什么样的发展、如何实现发展的重大问题，是顺应时代潮流、把握发展机遇、厚植发展优势的战略抉择，也是中国共产党关于发展理论的一次重大升华（刘云山，2015）。

一方面，“五大发展理念”丰富和发展了马克思主义发展理论。例如，冯金华和卢文璟（2016）、顾海良（2016）、谷亚光（2016）、崔治忠（2017）认为，“五大发展理念”是中国共产党把马克思主义与中国发展实践相结合形成的最新理论成果，是当代中国马克思主义政治经济学话语体系建设的重要成果，是对马克思主义发展理论的继承与创新。周绍东（2017）认为，“五大发展理念”坚持目标导向和问题导向相统一、立足国内和全球视野相统筹、全面规划和突出重点相协调、战略性和操作性相结合，实现了马克思主义发展理论的丰富和发展。洪银兴（2017）指出，“五大发展理念”标志着我们党对经济社会发展规律的认识达到了新的高度，是中国特色社会主义政治经济学理论和实践的深化，是发展当代中国马克思主义政治经济学的重要成果。

另一方面，“五大发展理念”凸显了中国特色社会主义政治经济学的现实指导意义。例如，胡鞍钢等（2016）指出，“五大发展理念”直面我国处在中高收入发展阶段所面临的五大挑战，坚持创新发展应对全要素生产率挑战，坚持协调发展应对城镇化挑战，坚持绿色发展化解生态环境挑战，坚持开放发展避免被动型、依附型的国际分工地位，坚持共享发展应对不平等挑战，进而实现中等收入阶段的有效跨越。李伟（2017）认为，“五大发展理念”点明了破解发展难题的新思路，是防止跌入“中等收入陷阱”、补齐全面建成小康社会短板的“发展之匙”。

（五）关于新发展理念实现路径的探讨

一是各级领导干部带头树立和践行“五大发展理念”。习近平总书记强调，党员干部特别是领导干部要提高贯彻新发展理念的能力和水平，成为领导经济社会发展的行家里手（中共中央宣传部，2016）。刘云山（2015）指出，落实好“五大发展理念”很大程度上取决于领导干部这个“关键少数”，需要各级领导干部认真贯彻中共中央要求，带头树立和践行“五大发展理念”，努力锻造推动经济社会发展的过硬素养和能力。其一，增强运用党的理论创新成果指导实践、推动工作的素养和能力；其二，增强把握形势变化、把握发展趋势的素养和能力；其三，增强驾驭现代经济发展、提高发展质量效益的素养和能力；其四，增强运用法治思维、法治方式推动发展的素养和能力；其五，增强贯彻“三严三实”要求、落实改革发展稳定任务的素养和能力。

二是运用“五大发展理念”谋划好推动经济迈向中高端的战略和政策。李伟在“国研智库论坛·新发展理念指导下的中国”的活动讲话中谈到，其一，要充分发挥科技创新在全面创新中的核心引领作用，为提高国民经济整体效率奠定坚实基础；其二，要立足当前、着眼长远，在新的发展基础上推动形成新的结构平衡关系；其三，要以制造业高端化为引领，着力提升产业技术水平；其四，要实施体现发展新要求的对外开放战略，着力提升我国在全球价值链分工中的地位（车海刚，2016）。

三是贯彻“五大发展理念”助力实现全面建成小康社会宏伟目标。谷亚光（2016）指出，其一，深化创新驱动，提高发展质量与效益，实现经济增长动力转换；其二，加强协调发展，在优化经济结构中补齐发展短板，增强发展的整体性与系统性；其三，倡导绿色发展，促进人与自然和谐共处，向人民群众提供最普惠的民生福祉；其四，推进开放发展，推动中国经济更深层次地融入世界经济，提高我国在全球经济等领域的话语权；其五，坚持共享发展，维护社会公平正义，不断增进人民福祉，最终实现共同富裕。

二、关于推动实施创新驱动发展战略研究

（一）关于创新驱动发展重大意义的探讨

习近平总书记多次强调，实施创新驱动发展战略，决定着中华民族前途命运，全党全社会都要充分认识科技创新的巨大作用，把创新驱动发展作为面向未来的一项重大战略，常抓不懈。习近平总书记指出，实施创新驱动发展战略是加快转变经济发展方式、提高我国综合国力和国际竞争力的必然要求和战略举措（中共中央文献研究室，2016）。李克强总理要求，以体制创新提高科技创新的效率，让各类创新主体的创造潜能充分发挥，形成大众创业、万众创新的生动局面。

相关研究认为，实施创新驱动发展战略既是形势所迫、更是大势所趋。例如，赵志耘（2014）认为，无论从经济增长短期（需求端）还是长期（供给端）的决定因素来看，走创新驱动发展道路是我国加快转变经济发展方式、破解经济发展深层次矛盾和问题、打造中国经济升级版的必由之路。马克（2013）指出，创新驱动发展作为党的十八大提出的“四个着力”的必然选择和“五个更多依靠”的重要保障，是加快形成新的经济发展方式的动力源泉。林念修（2015）指出，加快实施创新驱动发展战略是认识、适应和引领经济发展新常态的必然选择，是打造经济增长新引擎的关键所在，是塑造全球竞争新优势的前瞻布局。张蕾（2013），王聪、何爱平（2016）认为，创新驱动发展战略是我国传统人口红利消退、环境资源约束趋紧背景下，转变经济发展方式、实现内生增长发展的必然选择。

（二）关于创新驱动发展内涵特征的探讨

对创新驱动发展内涵的阐述主要来自政府政策文件和重要领导人讲话、学术研究这两个领域。习近平总书记在中央财经领导小组第七次会议上的讲话指出，实施创新驱动发展战略就是要推动以科技创新为核心的全面创新，坚持需求导向和产业化方向，坚持企业在创新中的主体地位，发挥市场在资源配置中的决定性作用和社会主义制度优势，增强科技进步对经济增长的贡献度，形成新的增长动力源泉，推动经济持续健康发展（中共中央文献研究室，2016）。

王海燕、郑秀梅（2017）通过作者共被引分析图谱发现，学术界关于创新驱动发展的相关研究主要建立在约瑟夫·熊彼特和迈克尔·波特的理论基础上，遵从熊彼特意义的创新和波特意义的创新驱动。学术界关于创新驱动发展内涵的阐述，可总结为三个方面：一是创新驱动发展将创新作为经济发展的主要动力；二是创新驱动发展依靠知识、信息等创新要素投入打造经济发展优势；三是创新驱动发展的目标是实现内生、可持续的经济发展。例如，王昌林（2015）认为，创新驱动发展是指一国或地区经济增长主要依靠技术进步、劳动者素质提高、商业模式创新等因素推动，而不是主要靠资本、土地、劳动力等生产要素投入推动。林念修（2015）指出，创新驱动就是要把科技创新摆在国家发展全局的核心位置，促进科技创新、制度创新、开放创新、协同发展，提高科技创新对经济发展的贡献率，实现经济社会全面协调可持续发展。李良成（2016）认为，创新驱动发展就是实现经济社会发展的动力源从投资型、资源型要素驱动逐渐转向由科技创新和人力资本提升的协同驱动，通过知识创新和成果转化实现科技成果的商业化、产业化，促进科技与经济深度融合，为经济发展注入新的动力的发展方式。赵志耘（2014）指出，从生产要素效率提高的三种体现形式可知，人力资本的提高、企业创新活力的增强和制度创新是创新驱动发展的关键。

（三）关于创新驱动发展评价体系的探讨

发达国家对创新驱动指标已有成熟的评估体系，如欧洲创新体系的测度和评估采用欧洲创新记分牌、美国创新评价指标体系经历了4个发展阶段（吴优等，2014）。姜江、韩祺（2016）进一步指出，创新驱动发展的内涵丰富，评价指标也较为多元。如全要素生产率（TFP）对经济增长贡献率在国际上通用，在我国也称为科技进步贡献率。由于该指标的算法复杂，学术界存在较多争议，各国往往采用一些更具可比性、数据更易采集的创新指标体系，包括劳动生产率、研发投入占国内生产总值的比重、研发投入占产业销售收入的比重、知识技术密集型产业占比、具有国际影响力的创新型大企业数量、国际知名品牌数量、产业附加值率、资源消耗情况等。目前，政策层面尚未有明确的指标体系用于评价经济体是否进入了创新驱动发展阶段。我国与创新评价相关的代表性指标有科技部的《国家创新指数报告》、国家统计局的《中国创新指数》、中国科技发展战略研究小组的《中国区域创新能力评价报告》等。

此外，有些学者构建了测度区域创新驱动的评价指标体系并进行实证研究。例如，吴优等（2014）构建了包含基本创新链和创新基础条件两个部分、46个具体指标的城市创新驱动发展评价指标，并对北京、上海、广州、深圳4个城市进行实证研究。周柯、唐娟莉（2016）构建了四大类（创新基础支撑及条件、创新投入、创新产出、创新贡献及影响）共38个具体指标，并采用熵值法对我国30个省（自治区、直辖市）的创新驱动发展能力进行综合评价。靳宗振、刘海波（2015）通过阐述知识财产经营的内涵与创新的内在关联性，认为知识财产经营作为从无形资产经营发展到经济效益提升的全过程运营管理，实现了创新范围的扩大化、创新组织的一体化和创新行为的衍生化，是衡量一个地区创新发展潜力的关键指标，由此设置了由18个衡量指标构成的知识财产经营指数。

（四）关于创新驱动发展国际比较的探讨

英国、德国、美国、日本等国家的历史经验表明，科技创新是大国崛起的基石，从引进模仿到自主创新是一个国家科技创新能力建设必经的过程和捷径，激励创新的制度和文化是大国科技创新崛起的根本保证，抓住世界科技革命和产业革命的历史机遇是新兴大国崛起的成功之道，各个国家要根据国情及发展阶段选择适合自身的科技创新模式（王昌林等，2015）。以德国为例，其创新驱动经历了高校引领、机构集中、企业主导、社会参与的历程，体现了政府以市场为核心，提供资本、培育环境与建构结构的职能。然而，其福利国家的社会市场经济制度却阻碍了科技激进创新（蒋绚，2015）。以英国为例，其创新驱动发展的主要特征是以深厚的科学基础和人文文化为根基，强化基础研究，注重创新与学术自由，倡导“服务于创新全过程”的创新文化。其创新驱动发展的路径是重视系统制定战略规划，将创新作为国家发展的战略核心；加强政策设计和制度安排，着力营造有利于创新的良好环境；积极推行有针对性的行动举措，重点解决创新驱动发展面临的挑战（陈强、余伟，2013）。以韩国为例，其科技发展经历了20世纪70年代初期的引进模仿，70年代中期至80年代末期的消化吸收改进，90年代至今的自主创新三个阶段，走的是一条“技术引进模仿→引进技术的消化吸收→技术的自主创新”的道路。政府通过制定战略规划和政策法规，完善科技创新体系，实现了韩国创新驱动的全面发展（陈强等，2015）。

（五）关于创新驱动发展现状问题的探讨

习近平总书记指出，我国创新能力不强，科技发展水平不高，科技对经济社会的支撑能力不足，科技对经济增长的贡献率远低于发达国家水平，这是我国对这个经济大个头的"阿喀琉斯之踵"（中共中央文献研究室，2016）。魏江等（2015）指出，近年来国家不断加大创新投入力度，创新体系不断完善，总体创新能力显著提升，但我国的经济发展模式仍处于"要素驱动"和"投资驱动"并存阶段，创新发展过程中仍存在五大结构性矛盾。一是国家政策层面：国家创新战略转型与科技创新政策体系滞后之间的矛盾；二是开放创新层面：全球创新网络环境开放性与高端创新资源难获得性之间的矛盾；三是区域创新层面：区域科技创新能力不均衡与落后区域创新资源溢出之间的矛盾；四是产业创新层面：新兴产业的技术突破机会与关键共性技术基础滞后之间的矛盾；五是企业创新层面：多种所有制企业混合挤压与本土企业创新动力不足之间的矛盾。

薛澜、赵静（2016）指出，我国创新发展已进入跻身世界创新强国的关键历史阶段，但仍面临一系列问题与挑战。一是我国创新能力在地区间的发展极不平衡；二是我国创新模式在经济和体制的双重转型下以多元形式并存；三是我国创新系统多年来存在的"老大难"问题必须得到正视。

姜江、韩祺（2016）指出，"十二五"时期我国科技实力大幅上升，创新能力快速提高，创新理念深入人心，创新工作部署贯穿于社会经济发展的各方各面，但有重大影响力的创新成果仍然偏少，与主要发达国家的差距仍较大，实现创新驱动经济发展任重道远。

梁正（2017）指出，我国在政策体系建设、制度环境营造等方面存在诸多与创新驱动发展要求不相适应的地方，包括政策理念和定位、政策协调配套、决策机制、政策执行等问题。

张岭、张胜（2015）指出，我国金融支持创新驱动发展面临金融结构有待优化、金融市场建设不完善、金融体系风险容忍度较低、风险投资发展不足等问题。

（六）关于创新驱动发展政策措施的探讨

一是关于创新驱动发展的总体部署。林念修（2015）指出，实施创新驱动发展战略必须坚持双轮驱动，大力推进科技创新、加快制度创新步伐。其一，切实解决制约创新驱动的瓶颈问题，补齐金融创新“短板”、强化知识产权“保护板”、打造市场竞争“跳板”。其二，最大限度激励人的创新积极性，强化成果转化激励制度、完善科研人员流动制度、优化人才引进制度。其三，充分释放创新潜力和活力，给科学家“松绑”，营造符合创新规律的科研环境；给产业“松绑”，支持和鼓励新业态新模式蓬勃发展；给企业“松绑”，充分发挥企业作为创新主体的作用。其四，加强创新政策的统筹协调，形成长效管用的创新政策体系，让自主创新和开放创新更加协调，扎实开展全面创新改革试验。姜江、韩祺（2016）进一步提出了“十三五”乃至未来十年我国落实创新驱动发展战略的总体部署：其一，以企业为主体，大力推进市场导向的技术创新。其二，以重点领域和重点地区为突破口，大力推进战略性新兴产业、支柱产业和东部发达地区先实现创新发展。其三，以科技体制和教育体制改革为重点，夯实创新驱动经济转型发展的科技和人才基础。其四，以推进资源要素和垄断性行业改革、加强知识产权保护为着力点，构建创新驱动发展的动力机制。

二是关于创新驱动发展的战略重点。郑新立等（2015）提出“十三五”时期实施创新驱动发展的六大重点。其一，以国家层面创新为制高点，加快国家创新体系建设、推进国家科技重大专项、加强前沿技术研究和基础研究、建设国家重大科技基础设施。其二，以区域层面创新为基础，构建鲜明的区域创新格局，着力推进国家创新型城市试点、国家自主创新示范区建设、国家高新技术产业开发区建设、国家高技术产业基地建设。其三，以产业层面创新为栋梁，构建以“抢占制高点”为目标的产业创新体系。其四，以企业层面创新为核心，加快建立企业为主体、市场为导向、产学研用紧密结合的技术创新体系。其五，以建设高素质创新人才队伍为根本，在创新人才的培养、引进、使用、评价、激励等方面做好工作。其六，以知识产权保护为保障，加强知识产权保护和运用。薛澜、赵静（2016）指出，落实创新驱动发展战略是实现“十三五”规划目标的关键：其一，加快推进体制机制创新，确保科技创新和体制机制创新双轮驱动平衡发展。其二，加强政策学习，让推动创新发展的各类政策精准发力。其三，拓展创新驱动发展战略的内涵，将文化创意与科技创新有机结合。其四，把创新扩散放到与前沿创新同等地位，确保经济产业的全面整体创新。其五，完善科学治理体系，重塑科学共同体在社会发展中应有的地位。

三是关于创新驱动发展的基本动力。杨多贵、周志田（2014）指出，创新驱动是经济发展规律的内在要求，支撑创新驱动发展的核心动力源于“绿色能源”“数字制造”“智慧地球”三大动力，实施创新驱动战略要挖掘“技术创新红利”“经济全球化红利”和“生态文明红利”等创新红利。魏江等（2015）指出，推动我国创新驱动发展：其一，需求激励政策的再设计：尽快取消供给导向的财政和税收政策。其二，政府采购政策的再设计：加大政策对有效创新的采购力度。其三，市场基础动力的再激发：以市场的力量去整合行业创新能力。其四，创新生态体系的再创造：面向“互联网+”的环境系统建设。其五，创新服务业的再构造：发展高端服务业体系。

四是关于创新驱动发展的实现路径。马克（2013）指出，要形成新的经济发展方式，创新驱动发展的路径必须实现转换，关键是如何在路径起点上实现转换、如何对不同类型的创新效应进行模拟、如何在发展的过程中实现创新政策和创新方向的及时调整，这需要在创新文化建设、创新理论研究、创新体系建设、创新制度建设等方面作出突破。张蕾（2013）指出，要实现创新驱动发展战略，应积极培育有利于创新的文化氛围；提升全民教育水平，提高劳动力质量和人均劳动生产率；大力加强自主创新，并使企业成为创新的主体；加快战略性新兴产业发展，促进经济转型和传统产业升级；发挥政府调控和引导作用，加强产学研协同创新机制建设。陈曦（2013）指出，在确立创新驱动的基本格局下，搭建创新驱动平台，完善创新驱动机制是实施创新驱动发展战略的必由之路。在创新驱动的基本格局中，确立以政府为主导、企业为主体、中介机构积极参与、研发机构和科研人员为创新源的创新主体系统，并明确各自的职责，运用多种创新方法实施创新驱动战略。王海花等（2014）针对知识在供求方的转化障碍、创新主体的匹配障碍、地理距离的跨越障碍、创新政策的统一障碍，构建起“知识—组织—制度—空间”的我国创新驱动发展战略“四维”协同实现路径。

五是关于创新驱动发展的金融支撑。张岭、张胜（2015）提出了金融体系支撑创新驱动发展战略的政策建议：其一，优化金融结构，激发金融机构活力。其二，完善金融体系风险分担机制，强化金融服务。其三，发挥政策性金融优势，完善风险补偿机制。其四，鼓励风险投资、私募股权基金的创投和发展。

三、简要评述与研究展望

从2012年党的十八大提出实施创新驱动发展战略，2015年党的十八届五中全会提出创新、协调、绿色、开放、共享的发展理念，政府政策和战略的新动向引发了学术界对新发展理念及创新驱动发展的研究热潮。综述相关研究发现，政府层面和学术界对新发展理念及创新驱动发展的提出背景、内在逻辑、重大意义等基本形成共识，但关于什么是创新驱动发展，如何理解其本质内涵以及创新驱动发展的评价体系和实现路径等核心问题尚未得到明确回答，这也是值得进一步深化研究的重要课题。

第一，加强创新驱动发展的内涵特征研究。创新研究具有跨学科性质，特别是来自不同领域的创新研究学者基于不同的理论基础和情境，对创新及创新驱动的内涵解读差别甚远。有些学者在单独阐述创新概念时沿用了熊彼特意义的创新，一旦分析创新驱动发展时往往又把创新等同于科技。下一步要加强创新驱动发展的内涵特征研究，在创新驱动的概念界定和内涵理解方面统一语境。

第二，加强创新驱动发展的细分行业研究。习近平总书记指出，科技革命必然引发产业革命，科技创新要面向经济社会发展主战场，转化为经济社会发展的第一推动力。推动实施创新驱动发展战略、加快转变经济发展方式的关键，是要尽快形成结构优化、功能完善、附加值高、竞争力强的现代产业体系。下一步要深入研究农业、制造业、服务业、高技术产业落实新发展理念、推动实施创新驱动发展战略的成绩、问题和对策研究。

第三，加强创新驱动发展的地方实践研究。创新驱动发展的经验研究更多集中在美国、英国、德国、日本等发达国家，这些国家的先发经验对我国实施创新驱动发展战略具有很好的借鉴意义，但要与我国国情特别是科技体制现状相结合。考虑到我国创新发展的区域分化现象突出，领跑、并跑、跟跑“三跑并存”态势明显，如“新深圳现象”已成为创新发展新标杆，下一步要加强对创新驱动发展的地方实践进行深入研究和总结推广。

第四，加强创新驱动导向的评价体系研究。我国现有的经济绩效考评指标体系还不能反映创新驱动发展的基本情况。从国际经验来看，越来越多的国家开始重视创新投入和产出对评价一国综合实力的影响。要借鉴《生态文明建设目标评价考核办法》，加快研究建立创新驱动发展的评价指标体系。该评价指标体系要强化对全员劳动生产率、全要素生产率、知识产权等体现经济质量和技术先进性等的评价，并在地方政府、国有企业及其领导干部的业绩考评中纳入新的指标考核体系。

（执笔人：邱灵、姜江）

参考文献

1. 车海刚. 高端智库专家纵论“新发展理念指导下的中国”——“国研智库论坛·新年论坛2016”综述［J］. 中国发展观察，2016（3）.

2. 陈金龙. 五大发展理念的多维审视［J］. 思想理论教育，2016（1）.

3. 陈强，陈凤娟，刘园珍. 韩国创新驱动发展的路径与特征分析［J］. 科学管理研究，2015（3）.

4. 陈强，余伟. 英国创新驱动发展的路径与特征分析［J］. 中国科技论坛，2013（12）.

5. 陈曦. 创新驱动发展战略的路径选择［J］. 经济问题，2013（3）.

6. 崔有祥，胡兴华，廖娟，谢富纪. 实施创新驱动发展战略测量评估体系研究［J］. 科研管理，2013（S1）.

7. 崔治忠. 五大发展理念的辩证统一性［J］. 求索，2017（2）.

8. 崔治忠. 五大发展理念的哲学意蕴［J］. 学习论坛，2016（3）.

9. 冯金华，卢文璟. 基于新发展理念构建中国特色的发展经济学［J］. 学术研究，2016（6）.

10. 谷亚光. 论“五大发展理念”的思想创新、理论内涵与贯彻重点［J］. 经济问题，2016（3）.

11. 顾海良. 新发展理念与当代中国马克思主义“系统化的经济学说”的发展［J］. 经济学家，2016（3）.

12. 洪银兴. 新发展理念与中国特色社会主义政治经济学的新发展［J］. 南京政治学院学报，2017（1）.

13. 胡鞍钢，任皓，鲁钰锋，周绍杰. 中国跨越中等收入陷阱：基于五大发展理念视角［J］. 清华大学学报（哲学社会科学版），2016（5）.

14. 胡婷婷，文道贵. 发达国家创新驱动发展比较研究［J］. 科学管理研究，2013（2）.

15. 胡钰. 增强创新驱动发展新动力［J］. 中国软科学，2013（11）.

16. 黄宁燕，王培德. 实施创新驱动发展战略的制度设计思考［J］. 中国软科学，2013（4）.

17. 姜江，韩祺. “十三五”时期我国创新驱动发展的思路与任务［J］. 经济研究参考，

2016（27）.

18. 蒋绚.政策、市场与制度:德国创新驱动发展研究与启示［J］.中国行政管理，2015（11）.
19. 靳宗振，刘海波.创新驱动发展的关键议题：知财运营研究［J］.中国软科学，2015（5）.
20. 李良成.政策工具维度的创新驱动发展战略政策分析框架研究［J］.科技进步与对策，2016（11）.
21. 李淑英.从马克思的自由全面发展看“五大发展理念”［J］.财经问题研究，2016（9）.
22. 李伟.五大发展理念的世界共性与中国特色［J］.人民论坛，2016（18）.
23. 梁正.从科技政策到科技与创新政策——创新驱动发展战略下的政策范式转型与思考［J］.科学学研究，2017（2）.
24. 林念修.改革释放活力 创新驱动发展［J］.宏观经济管理，2015（7）.
25. 刘焕，胡春萍，张攀.省级政府实施创新驱动发展战略监测评估——一个分析框架［J］.科技进步与对策，2015（8）.
26. 刘云山.牢固树立和自觉践行五大发展理念［J］.党建，2015（12）.
27. 刘忠和.实施创新驱动发展战略 推进经济结构战略性调整［J］.南京政治学院学报，2012（6）.
28. 齐建国，梁晶晶.论创新驱动发展的社会福利效应［J］.经济纵横，2013（8）.
29. 万钢.紧紧抓住重大战略机遇 努力实现创新驱动发展［J］.求是，2012（16）.
30. 王昌林.进一步理清实施创新驱动发展战略的思路［J］.全球化，2015（1）.
31. 王昌林，姜江，盛朝迅，韩祺.大国崛起与科技创新——英国、德国、美国和日本的经验与启示［J］.全球化，2015（9）.
32. 王聪，何爱平.创新驱动发展战略的理论解释：马克思与熊彼特比较的视角［J］.当代经济研究，2016（7）.
33. 王海花，谢富纪，周嵩安.创新生态系统视角下我国实施创新驱动发展战略的“四维”协同框架［J］.科技进步与对策，2014（17）.
34. 王海燕，郑秀梅.创新驱动发展的理论基础、内涵与评价［J］.中国软科学，2017（1）.
35. 魏江，李拓宇，赵雨菡.创新驱动发展的总体格局、现实困境与政策走向［J］.中国软科学，2015（5）.
36. 吴优，李文江，丁华，左新兵.创新驱动发展评价指标体系构建［J］.开放导报，

2014（4）.

37. 薛澜，赵静. 关于“十三五”时期创新驱动发展的时代意义与战略思考［J］. 国家行政学院学报，2016（5）.
38. 杨多贵，周志田. 创新驱动发展的战略选择、动力支撑与红利挖掘［J］. 经济研究参考，2014（64）.
39. 张锋. 社会主义“五大发展理念”的历史传承与现实意蕴［J］. 新疆社会科学，2017（1）.
40. 张来武. 论创新驱动发展［J］. 中国软科学，2013（1）.
41. 张蕾. 中国创新驱动发展路径探析［J］. 重庆大学学报（社会科学版），2013（4）.
42. 张岭，张胜. 创新驱动发展战略的金融支持体系［J］. 西安交通大学学报（社会科学版），2015（6）.
43. 赵志耘. 创新驱动发展：从需求端走向供给端［J］. 中国软科学，2014（8）.
44. 郑姣姣. 五大发展理念与当代中国经济：历史视角的解释——2016年现代经济史年会综述［J］. 中国经济史研究，2016（5）.
45. 郑新立，高铁生，翟立功，陈胜昌，常义. “十三五”时期实施创新驱动发展战略和建设创新型国家的政策建议［J］. 经济研究参考，2015（14）.
46. 中共中央文献研究室. 习近平关于科技创新论述摘编［M］. 北京：中央文献出版社，2016.
47. 中共中央宣传部. 习近平总书记系列重要讲话读本［M］. 北京：学习出版社、人民出版社，2016.
48. 周柯，唐娟莉. 我国省际创新驱动发展能力测度及影响因素分析［J］. 经济管理，2016（7）
49. 周绍东. “五大发展理念”的时代品质和实践要求——马克思主义政治经济学视角的研究［J］. 经济纵横，2017（3）.

调研报告

DIAOYAN BAOGAO

调研报告一

浙江省三地深入实施创新驱动发展战略情况调研

内容摘要：浙江省坚持把创新作为引领发展的第一动力，在体制机制创新、政策引领、平台建设、推动科技成果转化等方面的不少做法值得总结推广。但是，也存在政策贯彻和落实不到位、创新基础不扎实、成果转化手段单一、金融支持薄弱等问题。建议加快构建创新网络，强化企业的创新主体地位，推动现有政策落实到位，完善金融环境，设立浙东南国家自主创新示范区。

2017年4月20—26日，课题组有关成员赴浙江省杭州市、舟山市、宁波市等地，就“深入实施创新驱动发展战略”议题进行调研。调研组先后与当地发展改革、科技、工业和信息化等部门进行座谈，实地考察了高新技术园区、特色小镇、高新技术企业、高校、科研院所等，与有关职能部门同志、企业负责人和创业者、科研人员等深入交流，并与浙江省领导同志交换意见。现将主要情况报告如下。

一、成效和做法

近年来，特别是党的十八大以来，浙江省坚持以“八八战略”为总纲，坚持把创新作为引领发展的“第一动力”，作为必须补齐的“第一短板”，科技创新工作总体处于全国“第一方阵”，以科技创新为核心带动全面创新，逐渐成为浙江经济社会快速发展的新引擎、新动能。2016年，全省高新技术产业增加值5623.6亿元，增长10.1%，对规模以上工业增长的贡献率达68.5%；发明专利授权量2.66万件，增长13.84%；研发经费支出1130亿元，占GDP的比重达2.43%。主要成效和做法有。

一是注重政策引领和体制机制改革，营造创新发展的良好生态。出台《全面实施创新驱动发展战略 加快建设创新型省份的决定》，并把创新驱动列为“十三五”发展的首位战略。深化“放管服”和“最多跑一次”改革，加快政府职能由研发管理向创新服务转变，如“梦想小镇”引入市场化管理机制，由专业的风险投资公司进行运作，目前已集聚金融机构620余家，管理资本1350亿元，融资总额达34.5亿元。深化科技金融结合，省财政设立总规模20亿元的科技成果转化引导基金，撬动社会资本进行投资。大力推广使用“创新券”，累计发放7.32亿元、使用3.98亿元，撬动全社会创新投入约40亿元。推动“互联网+科技服务”，上线科技创新云服务平台，初步实现科技数据的“一网打尽”和创新服务的“一站到位”。全省抓创新、补短板、促转型的浓厚氛围已经构建，政策活、市场广、模式多的浙江特色逐步形成。

二是注重平台建设和主体培育，激发创新创业活力。充分发挥互联网龙头企业集聚、民营经济发达、生态环境优美等条件和优势，全面启动杭州城西科创大走廊建设，着力打造以“一带”（科技创新带）“三城”（浙大科技城、未来科技城、青山湖科技城）“多镇”（特色小镇和创新区块）为核心的科技创新高地。多渠道培育创新创业主体，引进高层次创新创业人才队伍，不断提升浙江大学、清华长三角研究院、宁波材料所等高等院校和科研机构的科研创新实力。目前已建立省级众创空间129家、科技企业孵化器111家、重点企业研究院252家，新培育16个领军型创新创业团队，形成了高校系、阿里系、海归系、浙商系等“新四军”蓬勃兴起、互联网经济、机器人与智能制造、新能源汽车、生命健康、文化旅游等一批新兴产业集聚发展的良好局面。

三是注重市场导向和成果转化，为科技兴省、科技强产、科技为民积蓄强大动力。推进线上线下融合的科技大市场建设，加快完善集“展示、交易、交流、合作、共享”五位一体的技术市场体系，“十二五”累计签约技术合同3.8万项，成交金额378亿元。持续开展科技成果竞价拍卖，2012年以来，全省举办科技成果竞拍40余场。其中，省级8场，累计竞拍科技成果907项。前六届成交的634个项目中，已有322项实现产业化，有力推进了技术产业化、成果资本化、转让市场化。新技术改造提升传统产业成果卓越，累计建设基础、行业、区域等三类公共科技创新服务平台86家。聚焦科技惠民，加强社会发展领域科技创新，推进科技支撑“五水共治”工作。持续推进医疗器械产业精准对接精准服务工作，贝达药业研发的抗肺癌新药“盐酸埃克替尼”，是我国第一个自主研发的1.1类抗癌靶向创新药，被誉为民生领域的“两弹一星”。

二、面临的困难和问题

浙江省是实施创新驱动发展战略的一个良好案例，从浙江的实践中可以反映出全国在实施创新驱动发展战略中面临的一些共性困难和问题。

一是政策供给和落实仍待完善。政策扶持门槛高、政策衔接不顺畅、政策调适不及时、监管模式不健全、政策落地执行难等问题仍然不同程度地存在。比如，科技成果作价入股时涉及国有资产管理问题，成果价值评估机制、成果转化工作风险责任免责等配套措施还未跟上；横向课题经费使用涉及审计制度等，相关领域的政策配套不够。有些地方和单位观望气氛较浓，担当意识不够，缺乏政策细化措施与具体实施机制，科研人员的政策获得感不强。部分发达地区的体制机制创新经验较好，但是推广复制经验不足。

二是创新驱动的支撑动力不够。人才供给不足，供需结构性矛盾突出，领军人才缺乏，专业人才不足，各类创新主体都面临急需人才“招不来、养不起、留不住”问题。原创创新能力不强，基础研究不够，产业技术研发能力不强，颠覆性创新极少，很多行业领域摆脱不了跟随模仿的路径依赖。

三是成果转移转化效率偏低。部分高校、科研院所、科研人员在成果转化方面的积极性不高，存在怕快、怕硬、怕告、怕查、怕邻居的心态。科研考核评价制度中存在重职称职务、轻成果转化，重数量、轻质量等问题。科技中介服务机构功能单一、服务水平较低，科技成果供需双方信息不对称。自主创新成果的归属和保护制度尚不健全、执行不严格，产权价值评估难、侵权举证难、维护成本高等问题突出。

四是金融支持仍显薄弱。金融机构出于风险控制考虑，对创新型企业放贷普遍谨慎，支持创新的金融工具和信贷产品缺乏，贷款担保附加条件过高，变相提高了企业的融资成本。撬动社会资本进入科技创新领域的办法不多，脱实向虚、重资产轻技术的问题依然突出。

五是以企业为主体的创新体系仍待建立。由于长期以来主要依赖以低成本、低价格抢占市场，企业缺乏原始技术和颠覆性的商业模式创新，利润偏低，当前中小企业发展亟待转型升级，创新意愿和需求十分强烈，但研发投入不足、创新能力不强，企业的创新主体地位有待强化。

三、意见和建议

第一，搭建专业化的公共技术服务平台，构建以企业为主导的技术创新体系。依托产业集群或优势产业，结合市场需求和发展实际，加快公共技术服务平台建设，为企业尤其是创新型中小企业提供技术研发、经验增广、产品研制、质量检测、设备共享、信息咨询等服务，增强企业技术集成和产业化能力。在科技计划立项、财政资金支持等方面对公共技术服务平台进行适当倾斜。增强建设工作透明度，及时将平台项目运行情况向社会公布。

第二，加快提高科技成果转移转化效率，促进科技和经济紧密结合。完善科技成果转移转化机制，探索以作股定价的方式促进成果落地。激发高校、科研院所成果转化的积极性，建立重大科技计划和重点高等院校、科研机构等的技术转移报告制度。加快培育一批熟悉科技政策和行业发展，社会化、市场化、专业化的科技中介服务机构，建设一支懂专业、懂管理、懂市场的技术经理人队伍。开展技术转移试点工作，选择一批大量承担国家科研项目的科研机构和高等院校作为试点单位，探索和积累推进技术转移的经验和措施。充分利用信息化手段加强知识产权保护，建立互联网和移动互联网联网查询平台，使普通消费者掌握查、比、对的便捷信息手段，选择来源可靠、信息真实的产品和服务。支持知识产权服务市场化、社会化和专业化发展，培育若干专业化的知识产权管理和运营机构，为知识产权维权和运用提供有力支撑。培训一批知识产权专业法官，增加一定数量的知识产权法庭。

第三，设立科技银行，完善科技金融服务模式。加快向全国推广复制诸如中关村、深圳金融支持创新的经验，采取投贷联动的方式，支持科技创新型企业发展。建立风险容忍风险分担机制、收益共享机制、业务退出机制，并对不同企业量身定制相应的产品和流程。根据科技型企业初创期轻资产、重知识的特点，建立独特的贷型模式和信贷评估体系，缓解其融资难、融资贵问题。

第四，强化基础研究和前沿探索，提升原始创新能力。以抢占未来制高点为目标，紧密结合国家相关科技计划的实施，在若干技术交叉领域，超前部署产业的关键核心技术和前沿技术研究。进一步加大对基础研究的支持力度，建立以创新贡献、科研水平和能力为导向的评价标准，切实改变片面追求经费、论文和专利数量的现象。

第五，设立浙东南国家自主创新示范区。浙东南地区地处我国东部黄金海岸线与长江黄金水道接合部的战略要位，是我国民营经济发展的先行区域，长三角区域中的先进制造业基地。设立浙东南地区国家自主创新示范区，有利于探索新常态下民营经济转型发展的新路径，有利于推进“一带一路”和“海洋强国”战略实施，有利于探索中国制造提升发展新模式。建议在激励创业风险投资和天使投资发展、开展企业化运作的新型研发组织建设、简化外籍高层次人才居留证件办理程序等方面给予政策支持，推动浙东南地区率先突破一批瓶颈制约，形成可复制可推广的典型经验。

（执笔人：姜江）

调研报告二

深圳落实新发展理念、实施创新驱动发展战略的调研报告

内容提要：党的“十八大”以来，深圳按照习近平总书记提出的“抓创新就是抓发展、谋创新就是谋未来”的要求，以“创新、协调、绿色、开放、共享”新发展理念为统领，加快建设国家自主创新示范区，完善创新生态系统，大力发展战略性新兴产业，在全国率先走上了质量型增长、内涵式发展道路，“新深圳现象”成为全国关注的焦点。但也要看到，与全球创新高地相比，深圳还有不少短板和差距，必须进一步完善创新生态系统，加快建设全球科技产业创新中心。

为深入了解深圳实施创新驱动发展战略的主要做法和建设国际科技产业创新中心的主要考虑，课题组有关成员分别于2016年9月和2017年4月赴深圳开展专题调研，组织政府部门、企业、金融机构和新型研发机构召开座谈会，实地调研了前海深港现代服务业自贸区、微众银行、腾讯、比亚迪、华为、深圳国家基因库等单位，分别与时任深圳市委书记马兴瑞、市

长许勤进行了交流，现将有关情况报告如下。

一、深圳已成为引领全国落实新发展理念、实施创新驱动发展战略的排头兵

（一）“创新”引领深圳经济又好又快发展

深圳以推动战略性新兴产业和未来产业发展为抓手，积极引领经济转型升级。据统计，战略性新兴产业增加值从2012年的3878.22亿元增长至2016年的7847.72亿元，年均增速15.9%，占GDP的比重逐年提升，从29.9%增长至40.3%，对GDP的贡献率提高至53%左右，深圳已经成为国内战略性新兴产业规模最大、集聚性最强的城市。在战略性新兴产业和未来产业的引领带动下，全市经济保持平稳健康发展，2016年深圳实现生产总值19492.6亿元，同比增长9%，稳居国内大中城市第四位；公共财政收入7901亿元，其中地方一般公共预算收入3136亿元，4年翻了一番多。全社会研发投入占GDP的比重超过4.1%，PCT国际专利申请量超过1.8万件，连续13年位居内地各大中城市之首，超越英、法等国。腾讯、信立泰、中兴、比亚迪等企业获得中国专利金奖4项，占全国的20%，累计获得中国专利金奖23项。深圳19家高校、科研机构及企业主持或参与完成的16个项目获国家科学技术奖，累计获国家科学技术奖励达72项。4GTD-LTE关键技术与应用获得国家科技进步特等奖。华为、腾讯、华大基因、大疆创新等一批创新能力较强的骨干企业在新一代通信技术、新型显示、基因测序、超材料、新能源汽车和无人机等部分领域的关键核心技术取得重大突破，领先优势进一步增强。

（二）“协调”构建“大企业顶天立地、小企业铺天盖地”的新格局

当前，深圳涌现了一批行业龙头企业，成为深圳创新驱动发展的重要名片。华为是全球最大的移动通信设备企业和第三大智能手机厂商，比亚迪成为全球唯一同时具备新能源电池和整车生产能力的企业，迈瑞是全球领先的医疗设备和解决方案供应商，华大基因成为全球最大的基因测序和基因组学研究机构，大疆科技已经占领了消费级无人机全球70%的市场份额。涌现了一大批科技型中小企业，成为深圳创新驱动的重要生力军。2016年，新增认定1523家国家级高新技术企业，累计达到8035家。在境内外交易所上市的企业达到346家，中小板创业板上市企业数连续9年位居国内首位（如表2-1所示）。

表2-1　2016年中国500强企业中深圳企业名单及主要指标

排名	公司名称	营业收入（百万元）	利润（百万元）
8	中国平安保险（集团）股份有限公司	619990.00	54203.00
26	招商银行股份有限公司	201471.00	57696.00
27	万科企业股份有限公司	195549.13	18119.41
60	中兴通讯股份有限公司	100186.39	3207.88
61	平安银行股份有限公司	96163.00	21865.00
72	比亚迪股份有限公司	80008.97	2823.44
81	中国长城计算机深圳股份有限公司	72935.85	–35.67
104	中国国际海运集装箱（集团）股份有限公司	58685.80	1974.00
123	深圳市爱施德股份有限公司	49569.03	140.63
124	招商局蛇口工业区控股股份有限公司	49222.41	4850.33
129	深圳市飞马国际供应链股份有限公司	47637.22	174.69
130	龙湖地产有限公司	47423.10	8988.04
147	深圳市怡亚通供应链股份有限公司	39938.67	492.43
165	中航国际控股股份有限公司	34350.51	1212.31

（续表）

排名	公司名称	营业收入（百万元）	利润（百万元）
170	金地（集团）股份有限公司	32762.07	3200.35
172	深圳华侨城股份有限公司	32236.33	4640.67
195	国信证券股份有限公司	29139.13	13949.03
220	招商证券股份有限公司	25291.79	10908.75
237	中国广核电力股份有限公司	23262.90	6593.65
287	深圳欧菲光科技股份有限公司	18497.77	478.45
288	康佳集团股份有限公司	18395.18	-1256.82
293	康美药业股份有限公司	18066.83	2756.73
305	天虹商场股份有限公司	17396.06	1208.41
312	深圳市中金岭南有色金属股份有限公司	16965.71	200.95
347	深圳长城开发科技股份有限公司	15361.81	180.66
379	中粮地产（集团）股份有限公司	13499.54	721.81
436	人人乐连锁商业集团股份有限公司	11218.05	-474.73
441	深圳能源集团股份有限公司	11129.98	1790.38
443	深圳市海王生物工程股份有限公司	11117.73	474.73

资料来源：根据公开资料整理。

（三）“绿色”发展走在全国前列

一方面，深圳摆脱了投资驱动，基本形成了创新驱动发展的新范式，创新驱动已经成为深圳经济转型的主要拉动力量。2015年，全国GDP为67.7万亿，固定资产投资为56.2万亿，固定资产投资与GDP的比值为83%，而深圳这一数字仅为18.8%，并且连续多年低于20%，表明深圳已经摆脱了对投资驱动的依赖，实现了“低投资率下的高增长”。另一方面，深圳万元GDP的能耗和水耗分别为0.392吨标准煤和11.4立方米，$PM_{2.5}$平均浓度为26微克/立方米，远远低于全国平均水平，以更低的资源能源消耗实现了更有质量、更有效益、更可持续的发展，取得质量、速度有机统一和效益、结构同步优化的效果。

（四）“开放”为城市发展不断注入新活力

深圳是一个典型的移民城市（如图2-1所示），天生拥有那种“不安分”的特征。“十二五”时期，深圳不断加大人才引进力度，累计引进“珠江人才计划”31个、“孔雀计划”创新团队76个、海外高层次人才1364人、留学归国人员超过7万人。目前，全市共有全职工作两院院士16人，累计认定高层次专业人才4607人、海外高层次人才776人。此外，深圳积极争取和推动“前海22条”先行先试政策，首家民营互联网银行——前海微众银行开业，跨境人民币贷款率先破冰，国际仲裁院、廉政监督局、前海法院挂牌成立。积极推动广东自贸区前海蛇口片区建设，全面完成来料加工贸易企业不停产转型，一般贸易、技术贸易额分别是5年前的2倍和5倍，服务贸易规模突破1000亿美元。

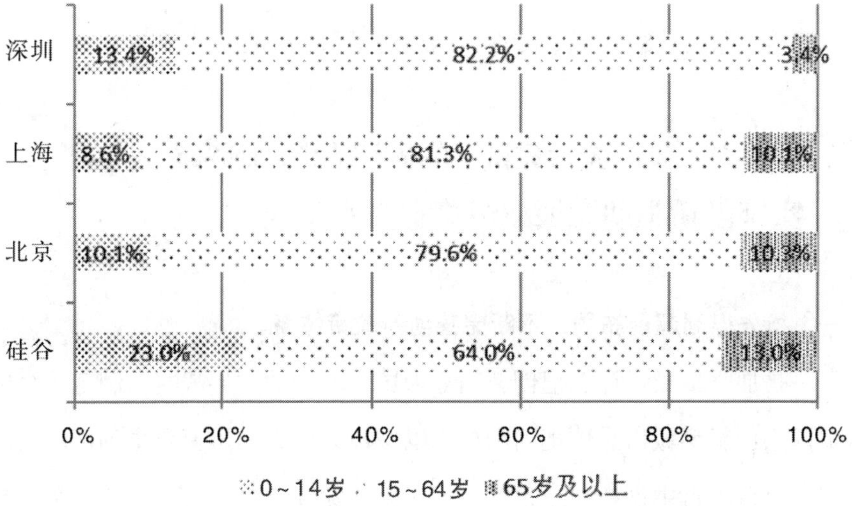

图2-1　深圳与北京、上海、硅谷的人口年龄结构比较

资料来源：深圳市、北京市、上海市政府网站以及硅谷年度报告。

（五）“共享”构建创新发展新平台

深圳加快构建统一开放、互联互通的科技资源共享机制，加快公共科技资源和信息资源开放共享，鼓励行业协会、产业联盟等对小微企业和创业者加强服务。目前已有近3000多个重大科技基础设施和大型仪器设备纳入深圳市科技管理信息共享系统，初步实现了科技文献、科学数据和仪器设备等资源向创新创业者的开放共享。国家超级计算深圳中心累计为2万多家机构提供计算服务，计算资源使用率达75%左右；深圳集成电路设计基地是IC设计产业的公共技术支撑平台，每年服务中小IC设计企业100多家，为企业节约研发费用超过2亿元；国家基因库建成运营，已针对不同领域的研究方向、组学数据类型和数据集搭建了40余个生物信息数据库和数据分析平台，并开放共享其存储的数据，包括人类基因相关数据仓库、农业多样性数据仓库、比较基因组数据仓库等大型生物信息组学数据库系统，可检索条目达8.8亿条、专业人员访问量超1.18亿次。

二、“敢为人先、先行先试”的做法为深圳落实新发展理念、实施创新驱动发展战略奠定坚实基础

（一）抢先谋划超前布局，不断完善创新政策体系

一是加强顶层设计，把创新确立为城市发展的主导战略，制定了全国首部国家创新型城市总体规划和首个以城市为单元的国家自主创新示范区规划，出台了自主创新“33条”、创新驱动发展“1+10”文件等一系列政策措施。新时期，深圳加大供给侧结构性改革，聚焦影响发展的“创新、企业、人才”三大要素，2016年密集出台了科技创新、企业提升竞争力、

人才优先发展、人才住房、高等教育等一揽子政策，找准“痛点”“难点”推出了235条措施，打造新时期更具竞争力的创新政策环境。

二是大力发展战略性新兴产业和未来产业，从2009年起先后出台了生物、互联网、新能源、新材料、文化创意、新一代信息技术、节能环保等七大战略性新兴产业规划及配套政策；深入推进国家战略性新兴产业区域集聚发展试点，规划建设了23个战略性新兴产业基地（集聚区），其中，华星光电液晶面板等7个产业基地纳入省市共建；积极培育未来产业，瞄准科技和产业发展前沿，将生命健康、海洋、航空航天、机器人、可穿戴设备和智能装备产业确定为未来产业。

三是不断培育和催生新兴业态，根据市场发展，及时制定了物联网、三网融合、电子商务、云计算、“互联网+”等行动文件。

（二）超常规建设创新载体，补齐创新资源短板

一是围绕国民经济社会发展需要，超常规建设创新载体。累计建成国家、省、市级重点实验室、工程实验室、工程（技术）研究中心和企业技术中心等创新载体1493家，是2012年之前的2.6倍，基本覆盖了产业创新发展的主要领域。建成了国家超级计算深圳中心、大亚湾中微子实验室和国家基因库。

二是大力培育新型研发机构。采取量身定制的政策措施，打破常规、创新机制，培育了华大基因、光启研究院、深圳先进技术研究院等超过90家集基础研究、应用研究和产业化于一体的新型研发机构，其中，深圳先进技术研究院集聚海内外高层次人才近2000人，孵化企业100多家；深圳清华大学研究院累计孵化企业1500家，其中超过200家为高新技术企业。

三是丰富科教资源，推动高等教育迈出新步伐，南方科技大学、香港中文大学（深圳）、哈尔滨工业大学（深圳）、清华-伯克利深圳学院建成招生，深圳墨尔本生命健康工程学院、国际科技太空学院等特色学院建设加速推进，中山大学深圳校区正式设立，湖南大学–罗切斯特设计学院（深圳）、华南理工–罗格斯大学创新学院（深圳）、吉大–昆士兰大学落户，深圳北理莫斯科大学获批筹建。

（三）创新财税支持方式，引导企业加大研发投入

一是出台《新兴产业专项资金多元化扶持方式改革方案》，建立无偿资助与有偿资助并行、事前资助与事后资助结合的财政资金投入机制，加大对技术创新、协同创新、应用示范、产业化等创新活动的支持力度，实施战略性新兴产业专项扶持计划，累计支持产业化项目超过12000个。

二是强化以企业为主体、市场为导向、产学研相结合的协同创新体系，开展“产业链+创新链”融合发展专项，提升企业协同创新水平。每年组织实施重大科技攻关项目100项以上，加大核心技术攻关力度。

三是落实研发费用加计扣除政策。2016年深圳地税全年减免税收390亿元，增长63%。其中，研发费加计扣除政策减免52.9亿元，增长54%，连续8年居全国地税之首。引导全社会研发投入超过800亿元，占GDP的比重达到4.1%，研发投入强度仅次于世界第一的以色列。

（四）构建开放创新网络，强化创新资源配置能力

一是面向全球集聚创新人才，落实广东省的“珠江人才计划”，实施引进海外高层次人才的“孔雀计划”，举办国际人才交流大会，制定出台高层次专业人才“1+6”文件、人才安居工程等政策措施，累计引进“珠江人才”和“孔雀计划”创新团队107个、“千人计划”人才208名、海外高层次人才1820名、留学归国人员超过7万人，在全国继北京、上海之后位列第三位。“留”字号企业已达到3900家，超亿元产值达62家，涌现了朗科、迅雷、柔宇等一批海归骨干企业，“海归经济”成为自主创新和产业提升的重要力量。

二是加快融入全球创新网络，积极参与中微子实验国际合作项目、欧盟地平线2020研发计划、国际基因组计划等国际大科技计划。与芬兰等9个国家签署科技合作协议。与硅谷、以色列等搭建8条“创新创业直通车”。微软、英特尔、三星等近30家跨国公司研发中心落户深圳。支持华为、中兴分别在全球分别布局47个和20个研发中心（创新中心）。推进中国–越南（深圳–海防）经贸合作区、招商局中国–白俄罗斯商贸物流园区的合作区建设。

三是积极推进区域创新协作，“深港创新圈”建设取得成效，两地累计投入3.5亿元联合资助科技合作项目，6所香港高校在深圳建立了产学研基地，深圳、东莞、惠州三市签署共建区域创新体系合作协议。

（五）构建综合创新生态体系，优化产业发展环境

一是推动科技与金融深度融合，加快科技金融试点城市建设，设立300亿元的深圳市创投引导基金、215亿元的前海股权投资母基金和60亿元的国家中小企业发展基金，出台促进股权投资基金业发展的若干规定。与国家新兴产业创投引导基金联合成立12家新兴产业基金。目前全市风险投资/私募股权投资（VC/PE）机构达4.6万家，注册资本超过3万亿元，为战略新兴产业发展提供了从项目研发到产业化、从企业孵化到上市的全过程、高效率的金融服务。

二是推动产学研资用紧密结合，在移动互联、机器人、云计算、基因、北斗卫星导航等领域建立了45个产学研资用联盟和7个专利联盟，整合技术、资金、人才、产业、市场等要素，推动关键共性技术攻关。

三是提升中国国际高新技术成果交易会（简称高交会）、电子信息产业博览会、IT+BT（信息技术+生物技术）领袖峰会的国际化、市场化、专业化水平，促进创新成果产业化。

三、存在的短板和问题

一是“引领型”创新不足。目前，深圳主要是以“追赶型”创新、商业模式创新等为主，真正原创性、首创性的重大创新产品并不多，且重大技术创新推动的创业不足，与硅谷还存在很大差距。比如，目前华为、腾讯等企业的创新能力已处于国内领先水平，但是与思科、苹果、谷歌等企业还存在相当差距。在生物医药领域的差距更大，目前华大基因在基因测序方面居世界领先水平，但仍处于价值链中低端，与基因泰克等国际一流生物技术企业相比，存在巨大差距。在新能源汽车领域，目前特斯拉已成为引领全球电动汽车发展的标杆，而比亚迪仍主要以国内市场为主，在核心技术、知识产权和品牌方面还存在较大差距。

二是创新能力方面还存在很大差距。从研究与开发（R&D）投入来看，硅谷企业的研发投入显著高于深圳。以谷歌和英特尔公司为例，两家公司2015财年的研发费用投入分别为122亿美元和121亿美元，占全年销售收入的比重达到16.4%和21.9%。按目前汇率简单计算，仅这两家公司的研发费用投入就是深圳市2015年全社会研发投入（709亿元人民币）的2倍以上。从劳动生产率来看，2015年硅谷的劳动生产率为17.7万美元，而深圳仅为20万元人民币左右，两者差距巨大。从国际三方专利指标来看，2014年硅谷专利授权数累计为19414件，约占美国的13.4%，每万人的专利授权数约为66.5件，在专利总数和人均拥有量上低于深圳的8.3万件和73.7件，但在质量方面存在较大差距。

三是在人才素质、创业投资等创新要素方面存在较大差距。据《硅谷发展报告》统计，2015年，硅谷地区的人口构成中，劳动人口拥有本科及以上学历占比达到48%。而深圳2015年拥有本科及以上学历的劳动人口仅占深圳常住人口的13.6%，人才整体素质远低于硅谷。在创业投资方面，2015年深圳吸引风险投资额为131.5亿元，占全国的比重仅为10.17%，而同期硅谷吸引的风险投资额为111.3亿美元，占全美的比重达42%，远高于深圳。

四是在科技教育基础方面差距更大。美国硅谷拥有斯坦福大学、加州大学伯克利分校等一批国际一流的研究型大学和美国联邦航空航天局艾姆斯研究中心、施乐帕克研究中心等世界顶尖研究机构，源源不断地为周边企业提供技术和人才支撑。而深圳的高校和科研机构十分欠缺，目前仅有深圳大学等7所高校，还没有高水平的国家级科研机构，在科研基础方面与硅谷存在巨大差距。

五是创新创业环境方面还存在一定差距。总体上来看，深圳已成为一个充满活力、适宜于创新创业的城市，但也存在一些不足。比如，生活和创业成本相对较高，以房价为例，2015年硅谷房产均价约为83万美元一套，相当于年人均收入的10.5倍。与之相比，深圳的房价收入比可达到50～70倍，生活成本高昂。在城市基础教育水平、公共医疗服务、文化艺术、法治环境等方面还有较大差距。比如，硅谷不仅拥有世界顶尖医学院校——加州大学旧金山分校，其附属的加州大学旧金山分校医学中心是全美综合排名第七的医疗机构。此外，斯坦福医疗中心也在器官移植、癌症诊疗、心血管内科和外科以及神经科学等领域享有盛誉。而深圳则鲜有国内外知名医院，市民就医难问题始终不能有效解决。深圳基础教育公办优质学位数量不足，公办民办教育质量均衡有待进一步提升，深圳基础教育在文化底蕴、内涵特色和国际视野等方面存在较大差距。另外，深圳的商业化气息太浓，文化艺术气息欠缺，国际饮食、购物等生活环境还有很大改进空间（如表2–2所示）。

表2–2 深圳与硅谷核心指标比较

项目	深圳	硅谷
面积	1997平方公里	4801平方公里
人口	1138万	300万
人口密度	5700人/平方公里	625人/平方公里
高技能人才比重①	13.6%	48%
吸引创业投资②	131.5亿元人民币	111.3亿美元
万人专利拥有量	73.7	66.5
企业研发投入③	约700亿元人民币	超过495亿美元
世界500强④	5	7
“独角兽”企业⑤	7	57
劳动生产率	20万元人民币	17.7万美元
人均收入	4.46万元人民币	7.9万美元
房价收入比	40～50	10左右

注：① 拥有本科以上学历占劳动人口的比重。

② 根据清科集团和硅谷指数报告统计。

③ 深圳数据根据研究与开发（R&D）投入占GDP的比重和90%的研究与开发（R&D）投入来自企业估算。硅谷数据来自于美国上市公司年报（数据包含谷歌、因特尔、苹果、思科、FaceBook、英伟达、雅虎、PAYPAL、EBAY、奥多比、特斯拉等）。

④ 根据《财富》杂志公布的2015年世界500强企业统计数据。

⑤ 根据TechCrunch公司的有关数据统计计算。

资料来源：根据深圳市政府网站、硅谷年度报告有关数据整理。

四、政策启示

当前，我国正处于经济发展动能转换的关键时期，深圳在新形势下持续贯彻落实新发展理念，以推进供给侧结构性改革为主线，深入实施创新驱动发展战略，纵深推进大众创业万众创新，在培育壮大经济发展新动能、改造提升传统动能方面做出诸多有益探索，取得了明显成效。从调研情况来看，关键因素在于构建良好的创新创业生态系统。下一步，应更好地完善创新创业生态系统，推动深圳不断地走在全国落实新发展理念、实施创新驱动发展战略的前列。

（一）夯实企业在生态系统中的核心作用

多措并举帮助企业降本增效。不断加强对企业招引各类人才的补助机制，加快保障房和人才公寓建设，为深圳企业降低招录人才的顾虑。进一步鼓励企业加大研发投入，努力向附加值高的价值链高端发展，提高企业的增加值率。

争取加快先行先试。“先行先试”是转型中国赋予深圳的“先天”品格，是强制性制度变迁赋予深圳的“特权”，是非均衡发展战略赋予深圳的伴随风险和成本的“优先”变革权，更是深圳城市生命力不朽的原因所在。要进一步巩固深圳改革开放排头兵的作用，在“全面创新改革试验区”的基础上，再赋予深圳在一批新兴产业领域先行先试的权限，打破制约企业创新发展的制度性障碍。

加快国际化和开放创新步伐。利用深圳比邻香港的区位优势，发挥前海深港现代服务业合作区的政策优势，大力招引海外资本和人才，积极吸引国际知名高校、世界500强企业在深圳设立研发中心、国际总部、区域总部或职能性总部，通过“引进来”加速深圳企业的国际化发展步伐。

（二）补好科研院所在生态系统中的短板

明确定位，深化改革，加大扶持。实践表明，新型科研院校通过大胆创新、先行先试，为全国科研院校体制机制创新积累了宝贵的经验，为深圳市乃至广东省、珠三角地区有力汇聚了国内外大量的创新资源，较大程度弥补了深圳科教资源不足的先天“短板”。

未来一段时间，要继续发挥深圳市的地缘优势、制度优势，进一步释放新型科研院校的创新活力，成为支撑深圳创新创业生态良性健康可持续运行的重要一极。为此，要进一步明确新型科研院校在深圳创新创业生态体系中的定位和功能。

根据科研院校在创新创业生态环境中作为知识创造源头的大定位，结合深圳市各类新型科研院校前期获得较好实践效果的“四位一体”、“三无”（即“无行政级别、无运行经费、无编制”）、“四不像”管理模式等经验，明确新型科研院校作为科技和经济社会发展之间通道和桥梁的功能，进一步细化新型科研院校的分类，研究制订不同类型科研院校的功能定位和改革发展路径。

要持续深入推进体制机制的改革和先行先试，及时总结前期体制机制先行先试的经验和成果，加快完善、修订、落实《关于加强新型科研机构使用市科技研发资金人员相关经费管理的意见（试行）》。针对国家、地方现行财税金融扶持政策难以惠及新型科研院校的情况，抓紧研究制订针对新型科研院校的倾斜性扶持政策，着力解决经费支持稳定性差、在职人员身份“尴尬”、难以争取到国家以及地方研发平台支持、机构及人员税赋负担趋重等问题。

（三）进一步加强财税金融支撑，增强生态系统活力

建立差异化信贷管理模式，鼓励信贷业务创新。鼓励金融机构加强差异化信贷管理，积极创新业务品种，开展知识产权质押贷款、科技保证保险贷款、科技项目打包贷款等新型业务，进一步加大对科技型企业的信贷投放。积极利用信贷信息技术实现网上批量信贷业务处理。支持金融机构开展投贷联动，为创新创业企业提供股权和债权相结合的融资服务。政府引导基金可以加大对信贷服务创新的支持力度，通过让渡部分政府出资人的收益用于贷款风险补偿等方式，促进信贷服务创新。

构建风险共担机制，扩大金融集聚效应。建立科技信贷专营机构补贴与补偿机制，鼓励银行等金融机构设立小额贷款、融资担保和科技租赁等适应创新创业需求的信贷专营产品，大力发展“小微企业贷”“上市促进贷”“研发贷”“孵化贷”“成长贷”“科技保理贷”“集合担保信贷”“投融贷”等金融产品，不断丰富小微企业的贷款融资方式。发展政策性融资担保，加大对中小微企业贷款的信用支持力度。切实发挥保险业的风险保障功能，为创新创业企业开展融资提供增信支持。

完善创业投资政策体系，引导和带动各类资本进入创业投资领域。丰富创业投资企业的募集资金渠道，支持创业投资企业通过上市募集、发行企业债券等多种方式拓宽融资渠道。争取试点，提供优惠税收政策支持创业投资机构。探索服务于创新创业企业的单独板（新四板资本市场），政府设立引导基金，支持在单独板挂牌的创新创业企业。

（四）坚持让“人”在生态系统中发挥更加核心的作用

进一步优化人才政策，着力聚集“年轻型”创新人才。制定着力于发展提速、比重提高、水平提升的科技人才队伍建设的专项规划。研究制定加快科技人才队伍建设的政策措施，及时清理不适应人才队伍建设的各项规定。完善人才流动制度，释放大型企业内部员工和高校、科研机构的科研人员等精英人才的创新创业活力。进一步落实人才发展“领航计划”，安排专项产业发展资金，支持获得认定的“千人计划”人才、海归人才开展创业活动。针对“年轻型”创新人才实施多渠道住房供给和多层次房价梯度，尽快制定人才住房保障政策，通过货币补贴和实物配置相结合的方式推动“人才公寓计划”，降低人才安居成本，吸引高学历、高技能“年轻型”创新人才在深圳创业发展。

建立技术创新市场导向机制，营造完善的“留才”环境。深化激励创新的相关制度建设，以金融创新、文化创新等多领域创新并举，增加就业机会。加大科技成果转化奖励力度，积极推动科技成果处置权、收益权改革，完善职务科技成果转化的奖励、报酬制度，打通科技创新成果转化的各个链条。体制内的研究开发机构和高等院校对持有的科技成果，可自主决定转让、许可或作价投资，并且转让的价格可采取自主选择的方式。大幅度提高对科技人员的奖励比例，国有企业、事业单位对完成、转化职务科技成果做出重要贡献的人员给予奖励和报酬的支出，计入当年本单位工资总额。

加大对科研、教育和培训机构的支持力度，重视培育创新型人才。一方面，加强深圳高质量基础教育建设，构建深圳本土化高校的科研体系。重点建设一批高水平大学和特色学院，集聚海内外优质教育资源，建设国际一流的职业教育体系。另一方面，大力实施“孔雀计划”，按照国际化、专业化、职业化的标准，面向全球，聘请海内外专家，招纳国际一流的创新人才和核心团队。鼓励民营企业参与专向人才培养，充分利用在港人才，以及香港在深人才，促进深圳与海上丝绸之路沿线国家互联互通。鼓励国际一流大学来深圳建设中外合作办学机构，支持政府间国际科技组织、国际技术转移中心在深圳落户。此外，继续完善以职业院校、企业和各类培训机构为载体的职业培训体系，加强对高中及以下学历人口开展就业培训服务，为深圳顺利完成产业结构转型升级培养和储备高素质的人力资源。

完善社保政策法律法规，强化社保稽核监察。适时修订养老保险政策，推进医疗支付制度改革，完善医保支付标准和支付方式。开展社会保险法律法规执行情况检查，严厉查处企业不参保、少参保、少缴费等违反社保法律法规的行为。

加强社会保障监督管理。修订社保基金财务管理操作规程、工伤保险案件调查取证费管理使用办法。加强对社保基金投资的相关调研，根据基金收支情况适时调整部分险种定期存款存期，增加基金收益。

加快社保信息化建设。重构信息系统，实现与国家、广东省的信息系统顺畅对接，对医疗保险信息系统优化改造，保障就医便利。推进法院、公安、教育、民政、市场监管等部门的信息共享，提高服务水平和办事效率。升级社保自助服务终端，提高服务能力。

优化社保经办模式。打破区域限制，逐步推行业务同城通办，实现“一站式”服务。完善内部沟通协调机制，优化操作规则和流程，加强转移接续的部级和省级电子平台建设。委托商业保险机构代办医疗保险异地转诊的报销业务，解决异地就医的审核和现金报销困难。

（五）进一步厚植政策支持的土壤

加大对民生的建设力度，以舒适的城市宜居环境吸引创新创业人才集聚。一是要出台相关政策，稳定房价，加大棚户区改造货币化安置力度，加大对公租房、廉租房等福利房的建设，加快培育和发展住房租赁市场。二是要加强监管，维护市场秩序，整顿收购秩序，加强收购资金监管，取缔无照收购、无证加工的行为，防止物价过快上涨。三是突出规划优化城市空间布局，促进产城融合发展，加大对基础交通设施的投入，加强重点路口的规划改造。

大胆改革和创新政府的资源配置和投入方式，推动深圳市的自主创新能力建设。在组织联合关键技术攻关、建立新型产学研合作平台和整合新兴产业创新链的过程中，要支持企业、公共平台、研发团队等不同主体间自由结盟、竞争、合作，以产业链和各类联盟为主线，推进产业技术进步和产业组织创新。通过有序规范配置政府资源，建立资源、技术和市场相结合的科学创新平台，整合资源，发挥资源的集聚效应。创新出台对轻资产公司的补贴方法，加大对创新创业企业和小微企业从事科技创新的支持力度，要容忍失败，放开企业从事创新的手脚。

围绕建设科技创新中心和产业创新中心，支持深圳市加大先行先试的力度。为将深圳市打造成为国际上有影响力的科技创新中心和产业创新中心，国家要进一步授予深圳经济特区行政管理体制改革试点权，在行政审批制度、简政放权、法治政府建设、权责清单和负面清单制度等方面先行试点，也能探索经验为国家改革积累经验，提供示范。具体而言，在以下领域要充分发挥深圳市的先行先试优势，加大政策试验和探索：一是要支持深圳市出台促进科技成果转化的政策文件，激励高校和科研院所的科研人员最大效能地利用已存在的科研成果。二是允许深圳在知识产权保护方面自主地出台更适应本地区技术创新特点的政策和措施，加大对领先型企业进行自主创新的专利和技术的保护力度。三是要加大深圳市在行业准入、产品监管、公共服务、平台标准建设等领域的自主权，允许深圳市各部门根据本地区产业创新发展的特点为新经济量身打造适宜的政策体系。

（执笔人：韩祺）

调研报告三

适应引领新常态、落实新发展理念、推动创新驱动发展调查——对东中西部7省份12市的调研[1]

内容摘要：通过对广东、安徽、湖北、湖南、重庆、四川、贵州等7省12市的实地调研，课题组了解到，目前创新、协调、绿色、开放、共享的新发展理念已深入人心，并在各个方面与创新驱动发展战略深度融合，催生出创新发展的新特征、新路径、新风尚。但仍存在既有要素供给体系跟不上创新发展要求、中小微企业创新发展面临难题较多、体制机制制约和束缚仍然较多等现实制约，需要精准施策，进一步贯彻落实新发展理念推动创新向纵深发展。建议着力破除体制机制障碍，提升创新要素与产品的供给能力；持续拓展创新领域，推动创新与产业的深度融合协调；应用现代技术促进绿色发展，推动创新与绿色的深度衔接；积极促进创新国际化，稳步提高创新开放水平；创新共享发展模式，让创新惠及更多群体。

为了解党的十八大以来落实新发展理念、推动实施创新驱动发展战

[1] 参见本报告附表1所示。

略情况，2017年3—9月，课题组有关成员与国务院办公厅、九三学社中央、国家发展改革委高技术司等有关单位组成联合调研组赴广东省广州市和佛山市、安徽省合肥市、湖北省武汉市和黄石市、湖南省长沙市和株洲市及湘潭市、重庆市、四川省成都市、贵州省贵阳市和六盘水市等7省份12市开展实地调研。总体上看，创新、协调、绿色、开放、共享的新发展理念已深入人心，并在各个方面与创新驱动发展战略深度融合，催生出创新发展的新特征、新路径、新风尚：“大众创业、万众创新”蔚然成风，各类创新主体活力迸发，自主创新产品多次刷新世界纪录；创新作用领域拓展，创新驱动实体经济提质增效升级加快，产业发展的协调性增强；绿色低碳发展成为新理念，创新对生态改善的促进作用明显；创新的国际化程度大幅提升，创新发展水平稳步提升；创新成果更加共享，惠及更多群体，创新和区域发展战略的融合度提升，东中西部都在探索适合自身的创新发展道路，推动创新成为引领发展的第一动力。下一步要精准施策，着力破解瓶颈制约因素，以新发展理念推动创新驱动发展向更高层次和更高水平迈进。现将有关情况报告如下。

一、新发展理念引领下的创新驱动发展

在新发展理念的引领下，广东、安徽、湖北、湖南、重庆、四川、贵州等7省12市大力实施创新驱动发展战略，积极探索适合自身的创新发展新模式、新路径，创新驱动发展呈现出与以往不同的新特征。

（一）创新活力迸发，创新动力强劲

一是创新主体活力显现。四川、广东等地通过深化“放管服”改革、为科研人员松绑和完善创新激励等政策“组合拳”，激发创新主体活力。

比如，西南交通大学2010—2012年3年间共转让7项专利，收入67万元，2016年该校在国内率先探索职务科技成果权属改革，实现职务发明人对职务科技成果拥有70%的所有权，极大提高了科技人员转化积极性，试点一年多就有164项职务发明完成分割确权，成立10余家高科技企业。

二是新技术快速突破。比如，安徽省深入推进科技创新“一号工程”，一批重大科技创新成果实现突破，世界首颗量子科学实验卫星“墨子号”已由中国科学技术大学主导研制成功，世界首条量子保密通信网络“京沪干线”合肥-上海段率先开通，世界最薄0.15毫米信息显示触控玻璃实现量产。

三是新业态层出不穷。比如，贵州抓住数字经济发展机遇，高位推动大数据产业发展，吸引高通、阿里巴巴、腾讯、华为、SAP、浪潮等国内外大数据龙头企业落户发展，催生了“大数据+医疗”、“大数据+健康管理”、数字金融、智慧物流等新业态快速发展。湖北、湖南等地主动适应经济新常态，大力推动“互联网+”、移动互联网、共享经济等新业态发展。

四是新要素快速集聚。针对创新驱动发展风险高、不确定性强等问题，各地积极支持产业与金融资本对接，促进创新要素快速集聚。比如，湖南省引导大型民营企业依托自有资金，建立以服务中国制造业转型升级的“产业银行”以及依托互联网技术的“零售银行”，缓解了中小微企业的融资难题，还培养了创新型企业，推动传统动能改造升级。

（二）创新范围拓展，产业发展的协调性增强

一是政策支持范围由高技术领域向整个实体经济拓展。既突出把信息、健康、能源、绿色等作为创新驱动发展的主攻方向，也充分发挥创新推动制造业、农业等传统产业转型升级的作用。既强调新经济发展，也注重传统动能改造升级，推动“互联网+”与“中国制造2025”融合发展，让传统动能焕发生机。比如，贵州省强力推进“千企改造”工程，不断提升传统行业数字化、智能化水平。航宇科技产品一次交检合格率从92%提高到99.8%，产品制造周期从28天缩短到15天。

二是现代技术深度对接提升传统产业。技术要素深度对接、广泛渗透实体经济，传统产业链派生出众多智能化、个性化需求，不少中小企业依托技术优势改造提升传统产业赢得新的发展空间。比如，成都易冲无线、通甲优博依托当地手机产业链，分别研发无线充电和立体视角技术。

三是不同类型的创新和谐共生。既有克里斯坦森所说的“颠覆性创新”和各种“黑科技”不断涌现，也有不少企业基于长期经验积累做出的持续性创新。既有革命性的“大创举”，也有成功可能性较高的中等规模创新以及渐进式创新，创新的种类变得多元，创新的计划与执行变得更为灵活。

（三）创新驱动绿色转型，绿色动能快速壮大

一是强化政策保障。安徽省委、省政府印发《关于扎实推进绿色发展着力打造生态文明建设安徽样板实施方案》，重点推进绿色美好家园建设、绿色产业培育等重大工程。贵州省推行资源变资产、资金变股金、农民变股东“三变”改革，不断增强创新发展绿色动力。

二是理念与技术融合，共同推动绿色发展。地处长江经济带的安徽、湖北、湖南、重庆、四川、贵州等省份坚持“生态优先、绿色发展”理念，积极开展生态修复，大力开发节能环保和绿色低碳技术，推动传统制造业绿色改造，引导产业向更加清洁、节能和安全的方向发展。

三是创新绿色导向的发展模式。重庆市璧山区发挥生态资源优势，创新城市规划理念和设计，在城区布局大量绿地和亲水空间，推动新型城镇化和产城融合发展，通过把城市变绿变靓吸引高端产业转移，使璧山从中国鞋都变成一座科技新城，璧山高新区成功升级为国家高新区，智能制造、新能源汽车、生命健康等新兴产业快速发展。

（四）创新开放水平逐步提高，美誉度大幅提升

一是面向全球配置创新资源。华为在全球设立15个研究院（所）、36个联合创新中心，共同推动技术进步，在ICT热点前沿取得众多研究成果。光启启动全球创新共同体孵化器与基金，在以色列、新加坡、东盟等地布局，吸引顶尖创新者加入，目前申请国际国内专利占全世界超导材料领域申请总量的86%。

二是创新人才国际化程度明显提升。留学回国人员总数屡创新高，截至2016年底我国留学归国人员总数达265万人。党的十八大以来，5年回国人数占历年回国总人数超过70%。

三是创新能力稳步攀升。中国2017年全球创新指数排名攀升至第22位，比2012年提高12位，稳居中等收入经济体前列。

四是创新美誉度提升。中国式创新已经成为青年争相推崇的风尚，高铁、移动支付、共享单车和网购当选为“新四大发明”。

（五）创新成果更加共享，惠及更多民众与群体

一是创新成果惠及更多群体。创新驱动发展正从少数人参与、少数人受益，拓展为大众创新、普惠受益，包括创新者、生产者和各类消费者都能共享创新发展的成果。创新者方面，安徽、四川、广东等地推行全面创新改革试验，在创新成果产业化和创新收益分配方面大幅度向科研人员倾斜，让更多的创新者获得与贡献相匹配的收益。消费者方面，共享单车、移动支付、网购等各类贴近消费者的创新层出不穷，让普通老百姓的生活更为便捷，创新发展的惠及面更为广阔。

二是大中小企业都能获得共享成长的空间。在新发展理念下，不少大企业加快成长为巨无霸。同时，也有一大批创新创业“小巨人”企业加速成长。比如，成都极米科技专门生产替代电视的智能投影仪，产品虽然小众，但占全球份额超过50%；优途科技专注研发小型化医疗器械，推出的国内首款掌上超声设备，有效解决了医疗器械下乡难的问题。

三是创新服务惠及更多群体。比如，湖南省实施一系列科技创新改革举措，推动科技创新由研发项目管理“小局”向创新服务“大局”转变，服务对象由传统科研“小众”向创新创业“大众”转变，资源配置重点由以单个项目为载体的“小投入”向以体系化布局为依托的“大投入”转变，以“三个转变”来提升科技创新服务水平。

四是不同类型区域普遍选择创新发展道路。调研的7省12市横跨东中西部，经济发展水平和发展战略指向不同，但涉及这些区域的长江经济带、“一带一路”、粤港澳大湾区建设等区域发展战略都纷纷强调创新驱动发展，建设现代化创新示范区，创新成为区域发展战略的“必选项”“必答题”，创新发展与区域发展战略的融合度提升。

二、主要问题与制约

在新发展理念的引领下，创新驱动发展取得良好实绩，但也存在一些瓶颈制约。

（一）既有要素供给体系跟不上创新发展要求

一是信息和数据资源供给不足。在信息化条件下，互联网广泛渗透到生产、加工、流通、服务等各个环节，数据资源成为重要生产要素，对信息和大数据资源的掌握与运用成为参与市场竞争的重要手段。但调研的大部分省份的信息化基础仍然较为薄弱，数据挖掘、管理、运用水平较低，难以适应大数据时代创新发展的要求。

二是人才供需的结构性矛盾突出。随着产业融合加速、新技术新产品新业态不断涌现，对高技能人才、复合型人才和新兴领域人才的需求激增，现有人才培养体系与创新发展的人才需求难以有效对接。

三是资金短缺制约创新驱动发展。虽然整个社会流动性较为充裕，但创新驱动的科技型领域、新经济下成长起来的创新主体，大多具有轻资产、高风险的特点，这与银行审慎经营的原则相背离，因此很难获得贷款。调研的湖南、湖北、贵州、重庆等地反映，本地风险投资市场尚不活跃，对初创期、早中期企业的投资较少，难以对创新驱动发展形成有效支撑。一些实体企业的智能化改造也面临较大的资金缺口。

（二）中小微企业的创新发展面临难题较多

很多问题对大企业而言并不是问题，但对中小企业来说则是痛点，比如融资难融资贵的问题，大型企业特别是国有企业获得贷款相对容易、成本较低，上市公司还可以通过资本渠道直接融资，而小微企业则面临突出难题。

一是融资缺口大。四川省反映，中小微科技企业获得金融机构融资支持的不到30%。

二是融资成本高。许多银行对中小微企业的贷款利率一般要比基准利率上浮30%~50%。

三是知识产权质押贷款融资的比例偏低。一般而言，发明专利权的授信额不超过评估值的25%，实用新型专利权不超过15%，商标专用权不超过30%，最高贷款金额原则上不超过1000万元，期限一般为1年。

四是贷款期限较短，与科技型企业发展需求不匹配。科技贷款余额中的中长期贷款（1年以上）占比不到10%，很多科技型中小微企业不得不短贷长用、拆借高利贷，带来较大风险隐患。

此外，在科技服务供给、税收优惠等方面也有很多中小微企业够不着、落不实、用不好的地方。而中小微企业特别是中小微科技企业是创新体系中最具潜力、最活跃的部分，创新活力强劲，正是需要政策大力扶持的对象。

（三）体制机制制约和束缚仍然较多

创新发展催生新技术、新产品、新业态、新模式竞相迸发，创新的速度明显加快，但与之相伴的是，对现有规章制度和管理方式的挑战，“先发展后治理”的路径难以实现，新经济的发展迫切需要打破制度“紧箍咒”。比如，贵州省反映，大数据产业发展对政府信息资源开放利用的要求较高，如何推进数据开放和共享有待强化。湖南省反映，3D打印产品在应用到医疗、汽车制造等领域面临阻力，如医疗行业缺乏与3D打印医疗应用相关的医疗价格收费条目，3D打印也未列入医保目录，相关医疗认证周期长、程序复杂，各类条条框框限制了新事物的发展空间。

部分支持政策跟不上市场形势变化。比如，湖北省反映，现有税收优惠政策对战略性新兴产业初期发展的作用有限，特别是企业所得税的亏损弥补期为5年，但部分项目投资大、周期长，如集成电路投资超过千亿元，5~6年才能全部达产，多数企业初期一般无利润，难以享受到政策福利。

三、精准施策，以新发展理念推动创新向纵深发展

（一）着力破除体制机制障碍，提升创新要素与产品的供给能力

以推进供给侧结构性改革为主线，以生物、大数据、云计算、移动互联网、通用航空、电子商务、文化创意等领域为重点，深化体制机制改革，进一步优化创新发展环境，加快探索推行负面清单或产业准入的审管分离制度，推进政府和公共信息资源的开放共享，破除限制新技术新产业新业态发展的不合理准入障碍。注重强化知识产权保护，加快完善适应新

业态新商业模式的知识产权保护办法，营造有利于创新的公平竞争市场环境。强化技术、资金、人才等政策支持。围绕关键领域，创新支持方式，加快组建一批国家级创新中心，着力攻克一批重大关键技术。研究设立国家战略性新兴产业发展基金，推动设立一批天使投资和风险投资机构，切实增强对新技术新产业的支持力度。实施更具竞争力的人才培养和引进政策，加快高层次创新创业人才和创新发展紧缺人才的培养。

（二）持续拓展创新领域，推动创新与产业深度融合协调

按照《关于深化体制机制改革 加快实施创新驱动发展战略的若干意见》和《国家创新驱动发展战略纲要》等要求，积极拓展创新发展领域，既要进一步突出创新驱动发展的主攻方向，将战略性新兴产业和高技术产业作为创新驱动发展的战略重点，也要充分发挥创新驱动发展对轻工、纺织、煤炭、钢铁、石化等传统制造业和农业、服务业的引领提升作用，促进创新驱动发展与“互联网+”“中国制造2025”深度对接，加快完善数字基础设施，大力发展以新一代信息技术应用为基础的各类新产品、新技术、新业态和新模式，积极推动传统产业数字化、网络化、智能化、高端化转型，助力经济结构转型升级，促进新动能培育和传统动能改造相衔接，增强创新与产业发展的协调性。

（三）应用现代技术促进绿色发展，推动创新与绿色深度衔接

以绿色经济发展为突破口，集中力量攻克节能环保、新能源汽车、清洁能源等关键技术，加快发展先进核电、高效光热光电、大型风电、高效储能、分布式能源等，应用新技术来提升新能源产品的经济性，大力提升高效节能装备技术及应用水平，做大做强节能服务业，引导绿色消费，推广绿色产品，建设高效节能、先进环保和资源循环利用的绿色产业体系。

牢固树立“绿水青山就是金山银山”理念和以人民为中心的思想，

一手抓创新驱动发展，一手抓生态环保和绿色发展，通过产业扶贫把大发展、大生态和大扶贫紧密结合起来，推动创新与绿色深度衔接。

（四）积极促进创新国际化，稳步提高创新开放水平

以“一带一路”建设为契机，深入推进创新国际合作：一方面积极引入全球创新资源，鼓励外商投资战略性新兴产业，推动跨国公司、知名研究机构在国内设立研发中心，加大海外高端人才引进力度。另一方面加快打造国际合作新平台，建立国际合作机制，建设双边特色产业合作区，引导龙头企业在境外设立合作园区等，提升重点领域的开放合作水平。加强中德、中美、中以、中芬等国际经济技术合作，支持建设一批国际合作中心，发展高水平国际化中介服务机构，设立海外研究中心、创新基地，构建全球研发体系。

（五）创新共享发展模式，让创新惠及更多群体

深入推进“大众创业、万众创新”，形成人人想创新、人人能创新、人人能从创新中受益的创新氛围。结合新趋势新特点，更多瞄准重点群体，精准发力打破制度瓶颈，适时推出包括“权力清单”“负面清单”“责任清单”的中小微企业服务清单，用政府权力的“减法”、深化改革的“加法”，来换取“双创”的“乘法”。更多聚焦技术型创业，破除制约成果转化障碍，支持地方探索科技成果所有权确权改革，提高高校科研院所成果转让自主决策权，鼓励支持技术创新。激发人才创新潜能，拓展科研人员创业空间，加强对离岗创业、大学生、返乡农民工开展创业辅导和技能培训，为创业者提供项目评估论证、法律法规咨询等个性化指导和咨询服务。完善创投市场，更好地发挥政府资金的引导作用，拓宽“双创”商业融资渠道。

（执笔人：盛朝迅）

附表1 2017年3—9月的课题组调研之路

序号	调研时间	调研地点	调研对象	调研主题	组团单位
1	3月5—9日	重庆市	渝北区、璧山区、武隆区、忠县、万州区、两江新区的有关园区和企业	党的十八大以来经济社会发展成就问题	中国宏观经济研究院
2	3月19—24日	成都市	成都高新区、国际菁蓉镇的有关园区和企业	创新驱动产业升级情况	国家发展改革委产业所
3	3月29—31日	湖北省	东湖自主创新示范区、黄石经济技术开发区等企业	中小微企业创新发展情况	九三学社中央
4	5月5—8日	湖南省 湖北省	长沙、株洲、武汉等地的有关园区和企业	战略性新兴产业发展情况	国家发展改革委高技术司
5	5月22—26日	湘潭市	湘潭高新区、天易经开区等地的有关园区和企业	老工业城市产业转型升级	国家发展改革委产业所
6	6月12—14日	成都市	成都高新西区、天府新谷、天府软件园等园区和企业	新经济新动能情况	国家发展改革委高技术司
7	6月19—24日	贵州省	贵阳市、六盘水市的有关园区和企业	新经济新动能情况	国家发展改革委高技术司
8	8月20—23日	成都市	天府新区、龙泉驿区、国际菁蓉镇等地的有关企业	双创和创新驱动发展情况	国务院办公厅
9	9月18—20日	广东省	广州市、佛山市、顺德区等地的有关部门和企业	实体经济发展情况	国家发展改革委产业所
10	9月25—28日	湖北省 安徽省	宜昌市、合肥经济开发区、巢湖半岛科学城等地调研	长江经济带创新驱动产业升级情况	中国宏观经济研究院

资料来源：根据调研材料整理。

调研报告四

粤港澳大湾区落实新发展理念、实施创新驱动发展战略的调查研究建议

内容摘要：改革开放以来尤其是党的十八大以来，粤港澳大湾区“9+2”市、区以新发展理念为指引，形成了创新高效协调互动的发展新格局，技术、资金、人才、企业、项目跨区域融合发展取得积极进展，形成了可在全国推广复制的6种新模式，成为全国最具条件和优势率先实现创新驱动发展的地区。

当前，制约湾区创新、协调、绿色、开放、共享发展的困难和制约，更多来自于长期以来形成的体制机制和政策环境等软约束方面。为此，要继续以敢为天下先的勇气和决心，以湾区科技资源富集地区为试点，在建立现代大学制度、现代科研院所制度方面争取国家赋予更大的自主权；以现有科技产业集聚区为平台和载体，集中获得国家专项科技经费支持；在新兴产业监管等方面，争取到特殊的体制机制；在科技型小微企业税收、上市和科技企业职工户籍、住房等方面得到特殊政策。

粤港澳大湾区[1]（以下简称“湾区”）是继美国纽约湾区、美国旧金山湾区、日本东京湾区之后，世界第四大湾区。总面积达5.6万平方公里，GDP总量达到1.36万亿美元，覆盖人口6671万人，拥有4所名列世界百强的大学和16家世界500强企业。

改革开放以来，湾区凭借优越的地理区位条件，完备的基础设施，独特的人文关系纽带，丰富的创新资源，健全的产业体系，广阔的土地与劳动力供给，快速发展壮大，不仅以广州、深圳为代表的若干创新型城市的国际影响力进一步提升，佛山、东莞、珠海等地也涌现出一批竞争力较强的产业集聚区，“9+2”市、区在三种关税、三种法制、三种经济体制和三种经济社会发展阶段背景下，也探索出了一条符合创新、协调、绿色、开放、共享五大发展理念、独具特色的发展路径。有力支撑了湾区在新的历史时期，率先实现创新驱动发展模式，率先探索对外开放升级版，率先构建“一国两制”实践示范区，有关经验值得其他地区充分借鉴。

为深入了解有关情况，课题组于2017年8月19—26日，先后赴广州、佛山、珠海、东莞、深圳等地的开发区、高新区、科研院所及企业技术中心、国家重大科学基础设施布局点进行实地考察，召开座谈会，全面把握湾区在落实新发展理念、实施创新驱动发展战略方面取得的成绩、积累的经验，以及面临的问题和制约，进而提出对策建议。

上述内容参见表4–1所示。

---

[1] 范围包括广州、深圳、东莞、佛山、肇庆、珠海、中山、江门、惠州等珠三角9个城市，以及香港、澳门两个特别行政区，简称“9+2”市、区。

表4—1　珠三角9地市及香港澳门主要社会经济发展指标（2016年）

地市	GDP（亿元）	常住人口（万人）	固定资产投资（亿元）	出口总值（亿元）	研发投入（亿元）	研发投入占GDP比重（%）	有效发明专利拥有量（件）	三次产业增加值结构	一般公共预算收入（亿元）
广州	19611	1350	5704	5187	380	2.10	30306	1.2：30.2：68.6	1394
深圳	19493	1138	4078	15680	732	4.18	95369	0：39.5：60.5	3136
佛山	8630	743	3512	3105	196	2.45	10014	1.7：59.2：39.1	605
东莞	6828	825	1557	6557	148	2.36	11154	0.3：46.5：53.2	545
惠州	3412	476	2040	1973	64	2.03	3645	5.1：53.8：41.1	361
中山	3203	321	1149	1764	71	2.36	4035	2.2：52.3：45.5	295
江门	2419	452	1518	994	40	1.80	2137	7.8：47.4：44.8	204
珠海	2227	163	1390	1802	53	2.64	5470	2.2：47.6：50.2	292
肇庆	2084	406	1374	47	20	1.00	792	15.4：48.1：36.5	92
香港	19196（23971亿港元）	731	暂无	28871（36053亿港元）	146（183亿港元）	0.76	暂无	0：6.0：94.0	3604（4500亿港元）
澳门	17111（3687亿澳元）	64	暂无	497（107亿澳元）	暂无	暂无	暂无	0：6.4：93.6	5388（1161亿澳元）

资料来源：广东珠三角9地市国民经济和社会发展统计公报、香港澳门统计年鉴及统计处网站有关资料（珠三角9地市研发投入及其GDP占比为2015年数据，香港三次产业占比为2012年数据，澳门三次产业占比为2011年数据，港澳其余数据为2015年数据）。

一、湾区落实新发展理念、实施创新驱动发展战略成绩卓著

（一）“9+2”市、区以新发展理念为指引，形成创新高效协同互动的发展新模式

从实地调研及相关部门访谈获悉，湾区“9+2”市、区的各自优势特色鲜明，发展互动互补性较强，各方合作意愿强烈。改革开放以来尤其是党的十八大以来，以创新、协调、绿色、开放、共享理念为指引，产学研跨区域率先取得卓越进展，积累了很多可供其他地区借鉴的宝贵经验。初步归纳为6种合作模式。

模式一：发挥港澳地区的科教优势和广东地区的产业基础以及资源优势，积极引导港澳创新资源在粤孵化。调研组实地走访了位于佛山市的香港科技大学LED-FPD工程技术研究开发中心。该中心是佛山市南海区政府与香港科技大学共同组建的工程中心，由香港科技大学的教授、研发人员等，提供技术支持并负责具体运营。定位为“立足佛山、面向广东、辐射华南、连接港澳”。即以南海区为基地，为佛山市以及广东省发光二极管（LED）与平板显示（FPD）制造研发领域的相关企业，提供建设、转型、研发、产品性能测试分析、可靠性评估以及失效分析、产品标准认证、技术培训、人才培养等服务。既充分利用了香港科技大学LED-FPD领域先进的技术和人才资源，又充分发挥了佛山土地与劳动力供给相对充裕、产业配套较为健全等优势。

模式二：广东企业利用港澳科教、人才、资金等创新资源，合作开拓葡语系国家以及更广阔的国际市场。例如，中山市的中智药业集团，

持续加快推动中成药开拓国际市场的步伐，于2010年即在香港成立全资子公司，启动香港中成药注册工作。2014年，与澳门科技大学签署合作备忘录，在人才培养、科技合作、异地注册方面达成合作意向。2016年，在澳门注册新型研发机构——科智医药科技有限公司，深化联合攻关研究，促进澳门科技大学的研究成果转化。再如，广州南沙的广东晶科电子股份有限公司，是通过整合粤港台风投基金、高科技产业与大学科研合作优势等，共同投资建立的粤港台合资企业。凭借拥有诸多国际领先的自主知识产权核心技术，在中国、美国、欧洲、日本等地获得或申请近百项专利。负责人肖国伟博士及其技术团队，长期与香港科技大学、台湾大学、华南师范大学、西安交通大学等科研机构保持密切合作。南沙开发区为其提供用地支持，建设粤港澳光电信息智慧创新产业园，计划打造“3年70亿元，5年100亿元”的光电信息产业集群。

模式三：粤港澳企业间密切合作，联合技术、资金等创新资源开拓国际市场。例如，中山市的康方生物医药公司，是一家总部设在中山火炬开发区国家健康产业基地的生物制药公司。东瑞制药是香港主板上市公司，于2016年成立东瑞生物投资发展（亚洲）有限公司，基于其在中国香港、新加坡、美国的资本平台和强大的海外投资网络，专门投资和加速发展生物制药创新项目。两家公司于2016年12月签署共同创办合资公司的协议，通过整合康方的研发和产业实力，以及东瑞的资金、临床和市场推广实力，将康方在研的两个新药品种——用于降血脂及治疗动脉粥样硬化性心血管疾病患者的单克隆抗体特效药和用于治疗胃癌、非小细胞肺癌、结直肠癌、乳腺癌以及肝癌等的单克隆抗体新药——加快进入全球临床试验及上市的步伐。

模式四：政府牵头、企业主导，共建粤港澳科技创新园区。例如，深港河套地区，于2017年1月3日，香港特别行政区政府、深圳市政府签署《关于港深推进落马洲河套地区共同发展的合作协议》，明确土地使用问题，并提出由双方在河套地区（A区）共同发展“深港创新科技园”，计划重点建设科研合作基地，并在园区内配套建设相关高等教育、文化创意和其他配套设施。同时，香港也将支持深圳将深圳河套一侧毗邻河套地区的3平方公里区域规划打造成为“深圳科创园区”，双方构建具有集聚效应和协同效应的“深港科技创新合作区”。再如，在珠海市的横琴新区内，由澳门特别行政区政府成立的澳门投资发展股份有限公司和横琴新区组建的珠海大横琴投资有限公司共同出资，共建粤澳中医药科技产业园，打造成为集中医医疗、养生保健、科技转化、健康精品等开发、会展、商务、物流于一体的绿色、智慧及国际化的中医药产业园区，以及国际中医药质量控制基地、惠及绿色道地药材和名优健康精品的国际健康产业交易平台。

模式五：科研院校、新型研发机构主导的粤港澳科创资源深入对接合作。例如，位于广州开发区的清华珠三角研究院，由广东省人民政府、清华大学合作共建，于2015年10月成立，于2016年1月通过广东省事业单位设立登记，按照企业化方式运行，实施理事会领导下的院长负责制。在科技研发平台的产学研结合方面，已经设立10个研发中心，汇聚了包括清华大学、美国斯坦福大学、中国水利水电科学研究院等一批高端人才团队，10余个高科技项目落户，30余个在研项目稳步推进。在孵化平台建设方面，形成了科技引领、融资支持、政策导入、技术合作、增值服务为主的孵化服务体系，为诸多企业成长发展提供服务。

模式六：政府引导成立专业化的特色产业基地、创新平台、众创空间等，吸引港澳及全球优秀创新资源、创业团队入粤发展。例如，东莞松山湖国际机器人产业基地，于2014年11月正式运作，成功创建省级新型研发机构和市级孵化器，先后引入17个机器人创业企业和16个创业团队，诸如李群自动化、优超精密等多个在孵企业快速发展。基地先后对15个企业和团队的项目投入800余万元研发经费，与8个创业企业签订投资协议共计投资2400余万元。深圳前海深港青年梦工场，是一家特色鲜明、优势独特的众创空间，于2014年12月由前海管理局、深圳市青年联合会联合香港青年协会三方发起成立，是服务深圳、香港及世界青年创新创业，帮助广大青年实现创业梦想的国际化服务平台。以“公益项目市场化运作、港人港味港服务、金融服务全覆盖”三大特色，以现代物流、信息服务、科技服务、文化创意、专业服务为重点方向，培养具有创新创业意识的18～45周岁青年，以及具有高潜质的初创企业200余家。

（二）“9+2”市、区具备加快实施创新驱动发展战略的有利基础和条件

调研中，不同地区、机构都反映，湾区经过过去一段时期的快速发展，已经成为国内最具备基础和条件建设具有国际影响力的科技产业创新中心的地区，在实施创新驱动发展战略方面具有得天独厚的条件和优势。

一是创新资源富集。湾区拥有世界百强大学4所，中国科学院分院（所）6个，一批国家重点实验室，两院院士逾80人。福布斯500强公司16家，国家级高新技术企业总数超过1.89万家，专利合作协定（PCT）国际专利申请量占全国56%。其中，香港是全球第三大金融中心，拥有香港大学、香港科技大学、香港中文大学、香港城市大学、香港理工大学等世界知名大学。深圳是国内乃至国际享有盛誉的创新创业之城，以占全国0.02%的土地面积、0.8%的人口，创造了全国2.6%的GDP、4%的国内发明专利申请量、近50%的专利合作协定（PCT）国际专利申请量，聚集了30%左右的创业投资机构和创业资本。拥有华为、腾迅等一批具有全球影响力的创新型企业。广州近6年连续5次荣登福布斯中国大陆最佳商业城市榜

首，汇聚了广东省60%的普通高校、97%的国家级重点学科，拥有两院院士79人、“千人计划”专家267人，普通高校在校学生超过百万人。国家工程技术研究中心18家，国家企业技术中心24家，国家重点实验室19家，省级新型研发机构44家。

二是产业体系健全，经济基础雄厚。湾区工业基础雄厚，拥有庞大的高素质研发和工人队伍。产业结构以先进制造业和现代服务业为主。其中，港澳地区以现代服务业占主导，服务业增加值占GDP的比重均在90%左右，金融、医疗、旅游、贸易、物流、法律、会计、商业管理、餐饮、博彩等行业发达。内地9市的产业体系比较完备，制造业基础雄厚，金融、信息、物流、商务、科技等高端服务业发展较快。在超材料、云计算集成与应用、干细胞、基因测序、新一代移动通信技术、新型光电显示、数字音视频等领域取得了一批拥有自主知识产权且产业化前景良好的核心关键技术，龙头企业的引领带动作用持续增强。2016年，湾区经济规模为1.4万亿美元，位居世界经济体第十一位，超过俄罗斯和澳大利亚，追平韩国。其中，广州和深圳的经济总量追平新加坡，总量最小的肇庆也与英国利物浦持平。港口集装箱年吞吐量超过7118万标箱，机场旅客年吞吐量达1.86亿人次，位居全球各著名湾区之首。

三是形成了有利于创新的体制机制、政策和人文环境。广东是我国最早实行改革开放的地区，为探索在社会主义制度条件下利用外资、先进技术和管理经验来发展经济的道路，国家允许深圳、珠海等经济特区实行特殊政策和灵活措施，较早建立了促进技术创新的市场机制。各项特区优惠政策的推出，吸引了以港资为主的大批外资和内地企业纷纷来广东投资，外向型经济快速发展，一批民营科技企业也迅速成长起来。同时，吸引了大量人才、资金和技术等创新资源，尤其是一大批具有市场意识、富有冒险和创新精神的人才入住湾区开拓创新发展，从而形成了今天国内独一无二的三种体制充分融合发展的体制机制、政策和人文环境。这种环境，与京津冀、长江三角洲、江浙地区等地有很大不同，区别于北京及周边地区的“皇城根文化”、上海为代表的长三角地区的“白领文化”，以及江浙一带的“浙商文化”，湾区的文化更加多元化、国际化，更加敢为天下先。同时，以企业尤其是民营企业和外资企业为主体，而不是国有企业为主体的特征，决定了湾区形成的是一种纯粹以需求为导向的创新创业生态环境。

二、未来一段时期湾区加快落实新发展理念、深入实施创新驱动发展战略的几点建议

回顾过去，湾区落实新发展理念、实施创新驱动发展战略的重要性、必要性及其战略意义、深远影响，已经在实践中反复得到证明。湾区“9+2”市、区的企业、科研院校、政府等机构合作创新创业的主观能动性已经被充分调动。同时，有利于人员更方便通行、货物更便捷运输的各类硬件基础设施建设，已经紧锣密鼓加快完善。调研中，课题组了解到，目前制约湾区实现创新、协调、绿色、开放、共享发展模式的困难和制约，更多地来自于长期以来形成的体制机制和政策环境等软约束方面。具体表现为：人才、设备、资金等创新要素流通不自由；三种税制、法制、行政体制带来的制度困扰；普通居民对三地合作的认识有差异；至今仍然缺乏湾区创新要素无缝对接合作的顶层设计等。

为此，湾区加快落实新发展理念、深入推进实施创新驱动发展战略，关键是要突破体制机制政策等软环境方面的障碍和制约。未来5年到10年，应立足当前“9+2”市、区科技、产业、创新资源分布和政策制度实

际，加快建设“创新特区”，形成更深层次、更广空间、更高水平的三地创新合作联系机制，并将相关经验加快向具备条件的地区推广复制。

一是以湾区科技资源富集地区为试点，在建立现代大学制度、现代科研院所制度方面争取国家赋予更大的自主权。由于历史的原因，广东与北京、上海等地区相比，是中国高等教育的洼地。为更好地利用香港以及国内外优质的科教资源，尽快补足短板，在湾区科技创新资源比较密集、生源供给以及人力资源培训需求旺盛的地区，积极开展民办大学试点，争取国家通过财政资助、社会资金捐赠等优惠政策给予支持。新型的民办大学核心是要探索建立“三大制度”：其一，薪酬制度。要突破现有对高校、科研院所绩效工资额度的限制，大幅提高科研人员的工资水平，让科研人员不受干扰、安心研究。其二，评价制度。要探索建立同行评价制度，定期（比如每5年）对主要科研人员进行匿名评审。评价标准要改变“唯论文”的方式，对从事基础研究和应用研究的科研人员制定不同的评价办法。其三，流动制度。对主要研究人员采取公开聘任的方式，建立“能上能下、能进能出”的机制。

二是以现有科技产业集聚区为平台和载体，集中获得国家专项科技经费支持。争取从国家现有的相关科技创新财政资金中安排专项资金，划拨一定款项用于支持在香港、深圳、广州等科技产业集聚区，以及深圳-香港、广州-佛山、澳门-珠海等科技产业创新走廊，以新的机制和模式建设一批新型研发机构，布局若干科学基础设施，吸引一批世界顶级的科学家和技术人才。比如，在人工智能、下一代基因组等前沿科技领域，由国家给予稳定、足额的经费支持，按现代科研院所制度组建10个左右的研究机构，把不同专业的相关科学家、技术专家集聚起来，下决心打“持久战”，努力创造出一批具有原创新性的科研成果。特别是要争取国家对湾区协同创新机构、科技成果转化孵化机构等的支持，形成统筹协同发展的创新链和产业链。

三是立足“9+2”市、区的科技产业创新条件和优势，在新兴产业监管等方面争取特殊的体制机制。适应新技术、新产业、新业态和新模式发展的需要，争取国家在深港创新科技园、深圳科创园区、广州南沙庆盛科技创新产业基地、横琴粤澳合作中医药科技产业园、珠海航空产业园、惠州潼湖生态智慧区等重大平台类的科技创新产业集聚区，探索建立分享经济、大数据、互联网教育、细胞治疗等行业发展的新的监管模式。比如，对从事跨行业、融合性的企业，探索建立有关部门合并办理的“大部制”，减少多头管理。设立国家食品药品管理总局分支机构，开展生物医药产业监管体制改革试点，加快新药的审评审批速度、提高效率，积极探索细胞治疗等新业态的监管办法。

四是针对人才跨区域流动过程中面临的主要制约，争取在科技型小微企业税收，以及上市和科技企业的职工户籍、住房等方面得到特殊政策。比如，为加速人才、技术、资金和企业在湾区范围内的流动和聚集，争取国家对在湾区创办的科技企业或者迁入的科技企业，参考三地最优惠税率标准，给予所得税3～5年的免税，将企业增值税率从17%降到14%以下。参考香港、澳门特别行政区个税征收标准，将个人所得税起征点提高到5000元，将个人所得税率从七级减少到由10%、25%和35%构成的三级，将抚养子女、赡养父母等支出在个人所得税中予以扣除。争取国家允许对湾区符合创业板上市条件的创新型企业直接上市。对从香港、澳门入粤工作的人员提供通关便利。对在湾区工作的人员和注册的企业，可以按家庭申请廉价公租房，持有劳动合同的职工可以按人申请宿舍。

（执笔人：姜江）

调研报告五

武进创新驱动的经验与启示——探索新苏南模式创新发展之路

内容摘要：武进探索形成了具有苏南特色的创新发展之路，新兴产业培育、民营经济发展、科教人才支撑、国际开放合作等方面的经验做法值得总结推广。但是，武进创新发展过程中仍面临空间、要素、环保等问题与制约，亟需在空间资源整合、产业转型升级、创新资源集聚、政策先行先试等方面进一步探索突破。

江苏省常州市武进区（以下简称“武进”）作为近代中国民族工业发祥地之一和“苏南模式”发源地之一，是苏南国家自主创新示范区和苏南现代化建设示范区的重要建设节点，也是我国经济社会最发达、创新创业最活跃的地区之一。为深入了解武进实施创新驱动发展战略的主要成效和经验做法，课题组有关成员分别于2017年5月21—25日、10月23—26日赴武进开展专题调研，先后与常州市及武进区的政府部门、科研院所、重点企业召开5场座谈会，实地考察了武进国家高新区、西太湖科技产业园、特色小镇、高新技术企业等，与有关职能部门同志、企业负责人和创业者进行了交流。现将有关情况报告如下。

一、做法与成效

近年来，武进以实业兴区、加速转型为导向，深化改革创新，振兴民营经济，实现了全区综合实力的高位跨越。2015年，全区人均GDP首次超过2万美元，比常州市和江苏省同期水平分别高出13.6%和44.9%；按江苏省“两个率先”监测评价计算标准，全区基本现代化的总体实现程度达到90%以上。2016年，武进连续4年荣获中国中小城市综合实力百强区第三名，位列中国中小城市创新创业百强区第一名，成功创建国家首批“双创”示范基地和国家产城融合示范区，率先走出了一条具有武进特色的创新发展之路。

一是加快构建鼓励创新创业的政策体系。在创新创业方面，出台了《“青年大学生创业”三年行动计划》（武政办发〔2016〕58号）、《科技创新“双十百千”三年行动计划》（武政办发〔2016〕82号）等。在产业转型方面，出台了《产业创新发展三年行动计划》（武发〔2017〕21号）、《促进产业创新发展的政策意见》（武政发〔2017〕24号）等。在平台载体方面，出台了《科技孵化及加速发展扶持办法》（武新区发〔2016〕32号）、《孵化器进驻项目评审管理办法》（武新区发〔2016〕33号）等。在人才支撑方面，出台了《关于全面深化“武进英才计划”加快推进“人才强区”建设的意见》（武委人〔2014〕1号）、《关于全面实施“金梧桐”计划推进大众创业万众创新的若干意见》（武新区委发〔2016〕83号）等。在科技金融方面，出台了《关于促进企业加快利用资本市场实现转型发展的意见》（武政发〔2016〕50号）、《关于加快推进风创投发展的意见》（武政发〔2016〕52号）等。通过全方位的政策引导，营造了支持各层次人员和不同类型企业进行创新创业的浓厚氛围，有效激发了全社会的创新创业活力。

二是多措并举助推产业创新转型。实施产业创新发展行动，启动工业企业效益综合评价工作，建立“高进低退、扶优扶强”的正向引导和反向倒逼双向机制，通过调整存量、优化增量、提升质量，推动规模效益迈上新台阶。传统产业方面，加快淘汰落后产能，制定“一企一策”整治清单，截至2017年6月底，累计关停化工、印染、电镀企业63家。推动传统产业创新提升，支持冶金、纺织等传统产业企业采用改良技术设备、改进生产工艺、推动生产线集约化等方式逐步转型升级，鼓励传统产业企业与新兴产业企业通过收购、技术入股、互换股权等方式嫁接合作。新兴产业方面，瞄准战略性新兴产业和十大产业链，重点发展以机器人、智能数控、轨道交通等为代表的高端装备制造业，以碳材料、新型复合材料、高强轻型合金材料等为代表的新材料产业，以电子核心基础件、新型显示产品、高端软件等为代表的新一代信息产业。智能装备、新材料跨入千亿元级行列，轨道交通、电子信息被认定为国家新型工业化示范基地，机器人产业被列为省级高端装备特色产业基地，新能源产业成为省级特色产业集群，西太湖石墨烯小镇入选首批江苏省特色小镇。春秋淹城旅游区创成国家5A级景区，太湖湾旅游度假区位居省级旅游度假区综合排名第一，武进获评“中国最美生态旅游名区”。

三是积极推进民营企业提质发展。连续实施大企业培育、特色企业培育等计划，全力支持龙头企业，积极扶持高成长性企业，大力培育“行业小巨人”“隐形冠军”，激发企业加速转型的积极性，支持企业提升行业话语权。发挥民营经济活力强劲的优势，把发展民营经济提升到前所未有的高度，开展“菜单式”精准服务，让广大民企扎根武进、发展壮大，培育更多占据市场主导地位的行业“隐形冠军”。截至2017年6月底，全区24家上市企业均为民营企业，中天钢铁、百兴集团、江南实业等8家企业入围“2016年中国民营企业500强”，近80家民营企业成为行业“隐形冠军”，连续多年稳居全国民营经济最具活力县区第一名。全区400多家高新技术企业中有387家是民营企业，民营经济市场主体占全区市场主体总数的比重超九成，民营企业贡献了全区超七成的发明专利、超八成的税收、超九成的就业及工业投资，培育形成营业收入超千亿元企业1家、超百亿元企业9家、超十亿元企业近60家。中车戚研所公司捧回“中国工业大奖”。

四是着力打造产教城融合发展载体。实施载体平台提升工程，提升宜居宜业功能和创新创业要素集聚水平，形成以产兴城、以城带产、职教支撑的产教城融合发展新格局。产业园区建设方面，重点建设武进常州经开区、国家高新区、西太湖科技产业园、绿色建筑产业集聚示范区、太湖湾旅游度假区，打造产业发展和城市建设的标志性载体。其中，武进常州经开区做强做精先进轨道交通装备、新型特种材料和智能电力装备等优势主导产业，相继被科技部、工业和信息化部批准为国家火炬计划轨道交通车辆及部件特色产业基地；武进国家高新区重点发展智能装备、节能环保、电子信息、智能交通等四大主导产业，2016年位列157家国家高新区综合排名第54名，居全省县级市国家高新区首位；西太湖科技产业园探索发展以石墨烯为突破、以碳纤维等先进碳材料为先导的特色产业集群，获批全国唯一的国家石墨烯新材料高新技术产业化基地，成为代表武进产业名片的“东方碳谷”。创新创业平台培育方面，围绕先进碳材料（石墨烯材料）、半导体照明、机器人与智能装备产业等，重点推进江苏轨道交通装备制造试验检测公共技术平台、江南石墨烯研究院、国家半导体照明产品质量监督检验中心、江苏佰腾知识产权服务网等公共技术服务平台建设。拥有各类“双创”载体超过500万平方米，建成国家级孵化器5个、省级孵化器18家、省级众创空间7家、省级重大创新载体5个、院士工作站16家、博士后工作站12家。职教人才培养方面，通过职教园区与产业园区同步规划、同步建设，强化职业院校“专业群”有效地对接当地“产业链”。设立每年3000万元的专项资金和每年1000万元的运营经费补贴，加强与常州科教城的互动，打造各类高技能人才培养示范基地。

五是协同推进开放式创新创业。国际产业合作方面，武进与以色列、德国、芬兰、美国、俄罗斯等国家开展了广泛的国际合作，成功举办世界石墨烯大会、机器人及智能装备生态圈对接峰会等一批高端峰会。其中，中以常州创新园是中国政府与以色列政府第一个创新合作实验园区，拥有总规模100亿元的首个国字号“中以创新发展基金”，成为以色列企业来华投资和技术合作转移的首选地；中德常州创新园是全国12个、全省唯一入选的中德合作项目；中芬绿色科技产业园、中美科技产业园、中俄科技产业园、苏澳合作园区等相继成功落户。另外，西太湖科技产业园成功创建常州国家医疗器械国际创新园、医疗器械外贸转型升级示范基地、海峡两岸（常州）健康产业合作区等国际合作平台。国际合作办学方面，通过国际合作办学拓展武进职业教育的办学视野和教育质量。比如，武进职教中心与德国西门子公司合作共建世界一流的西门子自动化应用中心，共同培养掌握世界先进自动化操作技能的人才；与德国F+U萨克森职教集团合作建立中德诺浩汽车学校，实现“校中校”培养模式。又如，常州幼儿师范学校先后与韩国又石大学、美国埃弗里特社区学院开展相关合作办学。“双创”平台开放方面，用有限的财政资金调动社会多方的参与热情，形成创新创业互利共赢的良好局面。比如，成功组建武进–在常高校产学研战略合作联盟，西太湖科技产业园管委会、常州大学、上海理工大学、江苏新天地、福隆控股、延陵电子、久虹医疗等多方参与共建常州医疗器械产业研究院；武进绿建区管委会、常州创客天使投资、中科院常州中心、常州信息工程学院等多方合作共建极客车间。

二、问题与制约

武进通过推进创新驱动发展战略，初步构建创新带动创业、创业促进创新的体制机制，在激烈的区域竞争中成功实现了争先进位。进一步落实新发展理念、推动实施创新驱动发展战略，更好地适应和引领经济发展新常态，武进仍面临诸多问题与制约。

一是空间整合亟需优化。2015年，常州行政区划调整有利于全面整合武进区和原戚墅堰区的产业优势，为武进在更大空间范围内优化生产力布局，助推城区大发展、产业大融合、民生大改善带来新的机遇。但新一轮行政区划调整后，武进的空间板块亟须进行新的统筹，空间资源和管理体系亟待进一步协调。比如，部分区镇关系权限模糊，产业园区未能与周边形成联动、协调发展态势。武进国家高新区北区与湖塘镇、太湖湾旅游度假区与雪堰镇虽为联动发展型区镇，但由于行政区划的长期分割，还需在用地规划、考核机制、财税机制等方面进一步明确联动发展机制。常州经开区（即原戚墅堰区和遥观、横林、横山桥三镇）、武进国家高新区与前黄镇的区域未实现规划建设、经济发展和社会管理的一体化，导致一些衔接区域的规划意图不一致。作为“飞地经济”的常州科教城对武进创新创业的支撑作用也有待提升。又如，“工业围城”现象较为突出，武进国家高新区、牛塘、湖塘等部分地区的工业用地分布相对分散并与乡镇、村庄混杂，更新调整难度较大。城镇居住与村庄布局混杂，城镇建成区存在新楼盘与城中村相互混杂。

二是产业提升步伐较慢。武进产业结构仍然处于产业链条的中低端，高质量、引领性大项目的数量不多，部分行业、企业经营困难，新的增长动力尚在孕育。从三次产业结构来看，2016年全区服务业增加值占GDP的比重仅为43.4%，服务业企业基本是“低、小、散、弱”，即档次低、规模小、分布散、竞争力弱，行业内部集聚度低，缺乏具有带动区域性发展的龙头企业。研发设计、金融服务、现代物流等高附加值的生产性服务业的占比更低，经济提质增效的基础不强。从工业内部来看，冶金、化工、纺织等传统行业占比大，新兴产业增长速度慢、产品层次低等问题突出。特别是10%的重点高新技术企业贡献了近60%的税收，而近50%的中小高新技术企业的税收贡献度不到5%，高新技术企业的含金量仍需提升。从产品结构来看，机电、纺织、化工作为武进传统的出口行业，出口额所占比重超过80 %，附加值较高、前景较好的高新技术产品的市场竞争力不强，出口比重长期在15%左右的低水平上徘徊。

三是生产要素支撑不足。科技要素方面，产业链与创新链统筹不足，研发投入强度和万人发明专利拥有量均低于昆山和江阴等周边区县。人才资源方面，全区就业人口的文化水平偏低，总就业人口中初中及以下学历的就业人口占比达56%，而较高学历的专业技术人员和熟练技术工人还存在较大缺口。这也导致江南实业等工业企业通过“机器换人”来应对人工成本上升及技术工人短缺等问题。金融支持方面，融资难、融资贵一直是工业企业面临的主要问题，民营企业互保现象较为普遍，极易引发资金链断裂的群体效应。土地供给方面，武进土地开发强度过大，目前已超过30%，是全省平均水平的近1.5倍，逼近全省开发强度最高的无锡市。每年上级下达的计划用地指标远远不能满足实际需要，内部挖潜解决土地供给困难杯水车薪，很多项目因土地问题难以启动。

四是城镇服务功能亟待完善。武进实体经济的快速发展带动外来人口大量流入，近年来外来常住人口超过户籍人口约50万人，但全区公共服务尚未完全围绕人口集聚进行资源合理分配。全区多数大中型零售商业、优质中小学和高等级医院都集聚在中心城区，而镇区的设施服务水平相对较弱，居住、商贸、教育、卫生、健康养老等基本公共服务在数量和质量上难以满足需求，这在很大程度上也影响了武进对技术技能型人才和高层次管理人才的吸引力。

五是生态环境保护压力较大。武进的工业结构仍然偏向于重工业，2016年轻重工业比重为28.8：71.2，冶金、化工、纺织三大行业规模以上产值占比近50%，导致对能源、环境的过度依赖，结构性污染问题依然突出。在全社会大力推动节能减排和太湖流域综合整治及部分行业产能过剩的大背景下，生态保护与利用的矛盾冲突凸显。特别是在保持经济总量增长的前提下，实现能耗总量下降的难度很大，这也导致很多市场景气良好的企业扩大再生产面临着供电等制约。

三、意见与建议

未来一段时期，正值全球新一轮科技革命和产业变革的孕育爆发之际，国际创新资源重新配置，产业分工格局加速调整，我国区域经济发展格局、产业创新要素分布模式也面临重构。武进能否在新形势新阶段下，加速推动空间资源整合、产业转型升级、创新资源集聚，事关新苏南模式在新历史时期的新定位、新跨越，事关江浙乃至长三角地区能否率先迈入创新驱动发展阶段。

第一，加快推进空间资源整合。依托国家产城融合示范区建设，以“区镇联动”为思路，加快构建与产城融合发展相适应的规划体系、产业布局、功能区管制、土地利用、生态环境保护、要素配制、人口管理、城乡治理、考核评价等体制机制。加强规划编制体系、规划标准体系、规划协调机制等方面的制度建设，实现产业规划、城乡规划、土地利用规划、环保规划及基础设施规划等规划的有机衔接，完善“多规融合”的空间规划体系。突出底线控制，合理设定开发强度，加强建设、农业和生态空间边界管控，加强过程性、阶段性目标管理。加强对跨行政区域尤其是相邻区域、片区内部产城融合发展的统筹协调，推进资源整合与配置、基础设施和公用设施共建共享、特色产业集聚联动发展。优化以三大园区和7个特色产业园区为发展重点的工业布局，分类实施乡镇与开发区融合联动战略，推进各板块间的错位竞争、协调发展。

第二，着力推进产业转型升级。依托苏南国家自主创新示范区、全国“双创”区域示范基地建设，加快推进产业集聚化、智能化、高端化、特色化、服务化发展。重点围绕十大新兴产业，统筹布局技术研发、标准制定、应用示范和产业化等环节的重大工程，打造一批特色优势新兴产业集群，推动新兴产业向智能化、集成化、规模化发展。推进纺织、化工、冶金等优势传统产业结构优化、层次提升和品牌打造，引导传统产业淘汰落后低端低效产能，实现高端化品牌化绿色化发展。推进智能制造应用示范，推动人机智能交互、智能物流管理、云计算、物联网、增材制造[1]等技术和装备在生产过程中的应用，在重点领域试点建设“数字工厂”“智慧车间”。促进制造企业向创意孵化、研发设计、技术开发、系统控制、市场调研、售后服务等前端服务环节延伸和后端增值服务拓展，重点在高端装备制造、节能环保、绿色建筑、新能源等领域发展一批产业集成商。

第三，推动创新资源集聚发展。加大公共研发平台引进和建设力度，着力提升科技研发、技术转化、检验检测等多元化服务。支持各类众创空间之间的合作联动与资源开放共享，实现创新与创业相结合、线上与线下相结合、孵化与投资相结合。推动孵化模式创新，引导企业、社会资本参与投资建设孵化器，推广“孵化+创投”等孵化模式，探索基于互联网的新型孵化方式，完善“苗圃→孵化器→加速器→科技园区”的科技创业孵化链条。放大常州科教城的辐射带动作用，加快建设常州科技创新园，转化科技成果，培育高端人才，完善配套服务，打造各类创新要素的集聚高地。主动对接大院大所，用足用好“科技镇长团”的资源优势，形成一批

[1] 增材制造，又叫快速原型制造、快速成形、快速制造、三维打印、实体自由制造，俗称3D打印，是指基于离散–堆积原理，由零件三维数据驱动直接制造零件的科学技术体系。融合了计算机辅助设计、材料加工与成型技术，以数字模型文件为基础，通过软件与数控系统将专用的金属材料、非金属材料以及医用生物材料，按照挤压、烧结、熔融、光固化、喷射等方式逐层堆积，制造出实体物品的制造技术。相对于传统的、对原材料去除、切削、组装的加工模式不同，是一种“自下而上”通过材料累加的制造方法，使得过去受到传统制造方式的约束而无法实现的复杂结构件的制造变为可能。

校地合作示范项目。着力引进科技金融机构，引导社会资本加强对众创空间、企业孵化器、创新平台的投入，构建完善的“双创”生态链条。实施人才强区、人才强镇、人才强企战略，发挥企业市场主体作用，鼓励企业引进优秀人才、特聘专家。

第四，积极开展政策先行先试。落实好向全国推广的中关村6条政策，主要包括科研项目经费管理改革、非上市中小企业通过股份转让代办系统进行股权融资、扩大税前加计扣除的研发费用范围、股权和分红激励、职工教育经费税前扣除、科技成果使用处置和收益管理改革。加快行政审批管理制度改革，推进落实板块独立审批机制，打通审批服务绿色通道，提高行政服务效能。创新财政支持方式，把“龙城英才”等直接资金支持项目改为“后补助”、投资参股等方式，发挥政府资金的引导放大作用，引导、孵化、扶持创新创业型企业发展壮大。加快建立科技金融集聚区，推进武进国家高新区的金融资本集聚区建设。推进国际创新合作政策的突破试点，推动国家相关部委、省（自治区、直辖市）相关部门同以色列、德国等相关对口部门建立定期会商机制，加快国际化创新园的孵化器建设，推进跨境电商、国际知识产权等方面的先行先试。

（执笔人：邱灵）

调研报告六

以新发展理念推动我国生物医药产业集聚发展——基于3省12市生物医药园区调研的政策建议

内容摘要：集聚发展模式有利于发挥规模经济效应，对生物医药产业创新发展具有举足轻重的作用，更是践行创新、协调、绿色、开放、共享五大新发展理念的重要推手。然而，我国生物医药产业集聚发展效应还未充分发挥，一定程度上还存在“园区多、水平低、重复建设、过剩”等情况。未来，应以创新、协调、绿色、开放、共享五大发展理念为指导，更好地促进我国生物医药产业集聚发展。

生物医药产业事关民生和经济社会可持续发展，是典型的战略性新兴产业。我国是人口大国，伴随老龄化进程加快，对医疗产品和服务的需求日益紧迫。为加快发展生物医药产业，各地纷纷兴建园区、招商引资、加大政策倾斜，也出现了一定程度的同质竞争、中低端产品供应过剩、小而散、多而弱等问题。针对上述情况，2017年8—9月，课题组相继考察了广东、山东、江苏等3省12个地市、20余家生物园区、60余家生物医药企业，初步形成以下观点。

一、我国生物医药产业集聚发展已初见成效

（一）我国生物医药产业发展的集聚效应凸显

当前，一批国内领先、特色鲜明的生物医药产业集群正在加速形成。比如，江苏省苏州市发挥外向型经济发达、工业基础扎实等优势，以苏州工业园为核心平台和载体，吸引大批海归创业团队和170多户外资医药企业，先后共集聚900余家生物医药企业。2016年，产值达480亿元，新增专利申请近800件，当年获1类新药临床批件共8个品种，占江苏省1/3；其中，生物制品1类临床批件4个，占全省80%。

广东省广州市形成了以科学城、生物岛为核心载体，以健康医疗中心、国际健康产业城、国际医药港等园区为特色，以广药集团、香雪制药、达安基因、金域检验等龙头企业为带动的生物医药产业集群，积聚企业数量800余户。2016年，产值超过400亿元。

江苏省泰州市中国医药城是我国首家国家级医药高新区，于2005年由科技部、国家卫生和计划生育委员会、国家食品药品监督管理局、国家中医药管理局和江苏省人民政府共建。2016年底，已集聚英国阿斯利康、日本武田药品，以及国内扬子江药业、食药集团、海王集团、沃森生物等800家中外知名医药企业。当年产值超过千亿元，累计获得临床批件百余件。

（二）生物医药产业集群成为推动区域经济转型升级的重要支撑

从广东、山东、江苏几省的调研情况来看，各地纷纷将加快培育生物医药产业集群作为推动区域经济转型升级的重要抓手。目前看，我国生物医药产业总体规模仍不大，但已显现出广阔的发展前景，有望在未来5年

到10年的时间内，快速成长为国民经济新的支柱产业。一些有实力的医药企业，尽管目前产生营业收入的板块主要是化学原料药，但已经开始在生物创新药物研发方面投入大量资金和技术人员。如齐鲁制药，2016年144亿元的营业收入绝大多数来自于传统的化学药物，但同期在研的新产品储备已近150个，包括43个抗肿瘤药物、14个眼科药物、13个抗感染药物等，同时在生物技术药物、新型给药技术药物、创新小分子药物等领域提前布局。

部分地区将生物医药产业作为支撑产业转型升级的重要战略性新兴产业。比如，连云港市在恒瑞、豪森、正大天晴、康缘等若干龙头企业带动下，生物医药产业已发展壮大成为本地重要的新兴支柱产业，产业增加值占全市GDP约1/10，同行及上下游企业间形成了技术合作、人才互动、平台共享的良性发展模式，集聚效应不断放大。

（三）培育生物医药产业集群，有力助推地方的招商引资、引智引技工作

从实践来看，各类生物医药园区通过挂牌，有力促进了产业集聚发展，极大程度地推动了地方的招商引资、引智引技工作。地方有关部门往往以园区为界，在交通物流、供热供电供气、污水处理等基础设施方面为企业创造“硬环境”方面的便利。还有一些园区，针对医药企业的特殊性，由政府牵头筹资建设生产质量管理规范（GMP）厂房、搭建研发检验检测等公共创新服务平台。此外，还对入园企业给予各种类型的资金、人才政策扶持，创造有利于生物医药企业健康可持续发展的体制机制和政策环境。

调研中，大多数已经入驻园区发展的生物医药企业均表示，入园发展益处很多，不仅可以获得区内各类优惠政策的扶持，也相当于得到了国家、地方政府的背书，有利于企业增强市场信誉度，能够“熬”过医药企

业艰难、漫长的投产前时期，吸引更多的技术、团队入区孵化与发展。

二、我国生物医药园区一定程度上存在“数量较多、支撑不足、水平不高”等问题

（一）生物医药产业园区总体数量较多

从调研情况来看，目前我国总体上还存在“生物园区多”的情况。表现为同一城市及其市属区、县范围内，以生物、健康、生命等命名的各类产业园、基地等数量较多，各省、地市乃至区县兴起了一股发展生物医药产业的热潮，生物谷、药谷、药园、药城、健康城、药都等医药园区遍地开花，个别园区的医药企业数量少、规模小、质量不高。

分类来看，我国的生物医药园区主要有4种类型。第一类是独立的、具有一定规模、运营模式规范的生物医药园区；第二类是依托已有经济技术开发区、高新区等平台，在相邻地理范围内，按照医药细分行业门类同设多个“园中园”；第三类是地方市区县自行挂牌，但实际医药企业数量稀少，没有管理机构和运营机构来规范运作、提供配套服务；第四类实际是单家企业，因其在工商（市场监管）部门的注册名称为“园区”而被统计进来。

值得注意的是，园区和集群是截然不同的两个概念。前者更多的是地方有关部门主观行为的产物，后者更多的是多要素驱动形成的、大量同类及上下游医药企业在地理空间上相对集中、技术经济方面联系相对密切的发展形态。从我国目前生物医药产业发展的情况来看，过剩的多是指园区，而真正影响力大、实力强、类似于“硅谷”这类地标性质的生物医药产业集群依然十分匮乏。

（二）生物医药园区发展主要依靠“挂牌子”“要政策”

造成园区数量多、质量普遍不高的情况，既有我国生物医药产业起步尚晚、各地发展基础条件不一等客观因素，也有各地培育生物医药产业集群的手段与方式有待进一步完善等因素。

从国内外发展较好的集群成长经验来看，生物医药产业集群的培育是一个相对漫长的过程，主要有两种发展路径：

其一是依托现有生物医药企业、创业团队或者医药专业较强的科研院所，逐渐汇聚一批同行及上下游企业，吸引越来越多的专业人才、技术、资金集聚，最终发展成为地域上接近、互动联系密切的产业集群。美国的圣地亚哥、旧金山、大华府地区（华盛顿地区）、波士顿、北卡罗来纳，德国、法国、瑞士的莱茵河上游金三角生物谷，法国巴黎基因谷，加拿大渥太华生命科学院，挪威挪瓦姆生物医学科技园等国际上比较著名的生物医药产业集群大多是这种模式。

其二是在国家或地方政府有关部门授牌、挂牌后，由地方有关部门或委托第三方专业机构运营，按照一定方向、布局进行规划后，主动招商引资、引技引智，搭建公共平台，完善基础设施，持续优化园区内的政策环境。国内近年来发展较快的广州生物岛、中山健康城、泰州医药城等，是这一成长模式的典型代表。

可见，“挂牌子”仅仅是促进产业集群成长壮大的手段之一。在产业培育阶段之始，既不能否认“挂牌子”对于集群培育壮大的正向作用，也不能完全依赖这一手段来促进产业集群成长。

（三）生物医药园区发展低水平、重复建设的现象突出

实地调研发现，我国生物医药园区布局重复、水平不高，存在恶性竞

争等情况，指的是化学原料药的部分品种、低端产品的同质化竞争严重，并非技术含量高、疗效好、价格优的创新药产品供应过剩。

我国生物医药产业园区多为政府主导，园区数量几乎是美国的40倍，但生物医药产业的产值只有美国的1／40。这种现象与我国生物医药产业的发展阶段有关，但也与一些园区过分注重形象建设，忽视生物医药发展的科学规律有一定关系。有些地方政府为了吸引企业入园，往往会低于国家规定的工业地价标准出让土地，或以各种形式返还给入园企业，一些企业入驻园区就是为了占地。特别是地市级以下的政府自行批准建设的生物医药园区数量近几年迅速增长，一些高污染企业或园区借生物医药之势，通过进入生物医药产业园区，俨然成为高新技术产业，但产业结构并没有太大的变化，甚至一些地区的政府和企业通过设立生物医药产业园区，来获取优惠政策、非法圈地。这些现象不利于医药产业的结构调整和转型升级，不利于医药产业的供给侧结构性改革，同时由于土地资源的浪费和高污染企业的排放，不利于绿色发展。

可见，我国医药产业园区的激烈竞争主要集中在化学药仿制药领域，过剩产品也主要集中在技术含量不高的中低端产品领域，而符合全球医药产业技术进步方向、能够更好惠及民生福祉的生物创新药领域仍是一片“空白区”，能够解决产业发展“痛点”的有效供给仍然十分不足。

三、以新发展理念推动生物医药产业集聚发展

当前，随着全球经济发展、人口增长和老龄化程度提高，各国医疗保障体制不断完善，新兴医药市场的医疗卫生体系改进，以及以抗体药物为代表的一批创新药的销售增长迅猛，全球药品销售呈快速增长态势。生

物医药领域开始越来越受资本市场关注，企业收购兼并越来越活跃。这些都表明，生物医药新技术、新业态、新模式正在不断形成，产业格局正在加速重构，为我国生物医药产业实现跨越赶超提供了难得的历史机遇。为此，必须以新发展理念为指导，积极稳健地解决当前生物医药产业园区建设中存在的各种问题，紧密结合深化医药卫生体制改革、药品审评审批制度改革，推动我国生物医药产业从“跟跑”“并跑”向“领跑”转变的有利时机，奋力推动我国生物医药产业达到国际先进水平。

（一）注重创新发展，不断完善生物医药园区的评价体系

通过建立评价体系，对生物医药产业园区的发展情况进行定量评估，也是监测生物医药产业集聚发展状况、便于集聚区动态管理的重要手段。目前，我国生物医药园区的评价体系尚未系统建立，对如何科学评价园区的创新发展水平带来一定困难。

为此，应根据生物医药产业创新集聚的特点，以及我国生物医药产业集聚发展的阶段和模式，创新评价生物医药产业集群发展情况的指标体系，在表征产业规模的产值、营业收入指标之外，考虑增加研发投入强度、研发人员占比、临床及生产批件获得情况、在研创新药数量等指标。基于此，要遵循既要科学又要切实可行的原则，设想创新考评的方式方法。具体而言，就是既要准确反映各园区的发展情况，又要具有数据的可获得性和可比性，不仅要反映园区的发展速度，而且要根据园区发展的不同阶段和不同类型，能够各有侧重地反映各园区的发展质量和发展潜力。

（二）注重协调发展，分类施策促进生物医药产业园区的健康发展

生物医药产业细分门类较多，不同领域的集聚发展所需要的条件差异较大。比如，产品运输半径有限、物流成本较高的行业，如一些特殊包装的制剂、对存储条件较高的原料或产品等，需要靠近消费市场进行集聚；

原材料依赖型的行业，如道地药材等，需要贴近原料供应地进行布局；能耗排放负担较重的行业，如化学原料药生产环节等，需要向能源富集、节能减排条件较好的区域进行集中布局；知识智力密集型的行业，如单克隆抗体药物、新型疫苗等生物药领域以及专门从事研发服务外包（CRO）环节的企业，更适合在人才、技术、资金供应充足的较发达地区集聚。

为此，要面向细分行业的发展趋势、现状和发展中遇到的关键问题，因势利导、因地制宜。积极创新政策扶持手段和方法方式，突破高新区、经开区等一般性的政策扶持模式，针对医药产业发展中面临的核心体制机制约束，积极探索制度先行先试。综合各地区的生物资源、医疗资源等条件和产业基础，以供给侧结构性改革为主线，做实做强现有存量园区。在全国范围内甄别一批有潜力、有条件做大做强做优的生物医药产业园区，按照产业链分工的不同环节，加大财税、金融等政策扶持，有重点地推动若干具有全球影响力的生物医药集聚区建设，吸引更多社会资本参与投入。积极做优一批特色鲜明、具有地理标识美誉度的生物医药产业园，在全国形成各具特色、优势互补、协调互动、互惠互利的生物医药产业发展新格局。

（三）注重绿色发展，坚决关停并转一批环保不达标的园区

起步于20世纪90年代的我国医药产业园区建设，带有传统工业时代的特征。在政府“划出一块土地，引进几家企业，拿出一笔启动资金，提供一些优惠政策”这种传统建设模式下，一些高污染、低水平的医药企业进入园区。低水平重复建设、为降低成本人为增加环境资源负荷的行为给这一朝阳产业蒙上了阴影。因此，务必要在土地资源合理使用、生态环境保护、污染物排放、清洁能源、循环经济等领域作出规范和要求。

为此，应加强事中事后监管，对于低水平、高污染的产业，必须加快

转型升级。需要警惕一些地方为了招商引资，不顾及环境被破坏的风险，而引进其他省份已淘汰的高污染制药企业，从而造成污染转移、污染面扩大。对环保标准不达标的园区予以关停，通过市场化手段自然淘汰一批发展水平不高、“有名无实”的生物医药产业园区。鼓励大型园区通过设立飞地、分园的模式，探索新的合作机制，推动中小型园区归并整合。中央有关部门原则上不再批复设立新的生物医药产业园区。

（四）注重开放发展，鼓励生物医药集聚新模式的发展

伴随移动互联时代的发展，传统工业社会产业聚集的形式正在产生根本性的转变，由原来的“产业组织的聚集”变成了“产业人的聚集”。同时，由于互联网技术使信息沟通的成本极大下降，这也使得原来只有在完成空间聚集之后才能享有的产业聚集的正外部效益可以在互联网世界打破时空界限、跨地域实现，即在“产业人的聚集”逻辑内实现。这就使得在传统工业社会背景下谈论的“产业聚集”在信息社会尤其是今天的移动互联时代产生了根本的不同，即由过去的“产业聚集”=“产业组织聚集”，演变为今天的“产业聚集”=“产业组织聚集”或“产业人聚集”。那么，这就使原本只通过空间载体聚集产业资源提升经济发展能力的政府，以及原本只能靠“择邻而居”、扎堆取暖，寻求产业聚集溢出效益的企业都失去了对产业园区物理空间聚集的需求和动机。生物医药产业园区也表现出这一发展前景，因此必须以开放的心态去统筹现有产业园区的资源，以及思考今后生物医药产业园区的发展布局。

为此，应鼓励以园区为载体，建立企业牵头、产学研跨区域合作的创新人才实训基地，支持有条件的生物医药企业设立博士后流动站；对于行业发展紧缺的生物医药领域人才，在户籍、出入境、个税征缴、子女就业等方面给予政策倾斜。支持园区设立生物医药产业领域的融资担保风险补偿金，形成政府、银行、担保机构三方风险分担机制，鼓励地方银行量身定制适合生物医药项目特点的信贷产品，积极开展投贷联动服务，加大生物医药企业与各类私募股权基金的对接。

（五）注重共享发展，建设一批生物医药产业园区的共性平台

生物医药产业是一个具有高投入、高风险、高技术、长周期等特点的产业，无论研发还是生产阶段，对技术创新平台的需求是无法避免的。但其技术装备和高投入及使用效率是大多数企业尤其是中小型企业和孵化企业无法承担的。比如，一个基本完善的实验单元往往需要投入千万元以上，甚至一个基本完善的实验单元也要投入近千万元。因此，建立完善的公共技术服务平台有利于生物医药产业园区建设，建立共享公共资源机制，从而将园区内外不同设施、技术、人才等资源进行集成和共享，并注重多种灵活模式进行运营，可以最大限度地降低平台建设成本，提高平台利用效率。

为此，应瞄准全球生物医药产业发展的制高点，进一步夯实创新基础，以国家生物产业基地为核心，加快构建支撑体系，大力提升产业发展的质量和效益，推动我国生物产业更多地依靠创新驱动来发展：一是加快建设基因库、细胞库、高级别生物安全实验室、精准医学大数据等创新基础平台建设，进一步提升我国在生物医药前沿领域的基础创新能力。二是推动质量标准、技术水平与国际接轨的研发外包服务（CRO），以及合同加工外包服务（CMO）和人工智能诊疗平台发展，提升产业研发成果的转换、生产和应用能力。三是抓紧建设仿制药一致性评价、生物药质量及安全测试技术和行业动态监测分析平台，提升生物医药产业的发展质量和科学监管水平。

（执笔人：姜江、韩祺）